África moderna

Una guía fascinante de la historia moderna de África

© Copyright 2023

Todos los derechos reservados. Ninguna parte de este libro puede ser reproducida de ninguna forma sin el permiso escrito del autor. Los revisores pueden citar breves pasajes en las reseñas.

Descargo de responsabilidad: Ninguna parte de esta publicación puede ser reproducida o transmitida de ninguna forma o por ningún medio, mecánico o electrónico, incluyendo fotocopias o grabaciones, o por ningún sistema de almacenamiento y recuperación de información, o transmitida por correo electrónico sin permiso escrito del editor.

Si bien se ha hecho todo lo posible por verificar la información proporcionada en esta publicación, ni el autor ni el editor asumen responsabilidad alguna por los errores, omisiones o interpretaciones contrarias al tema aquí tratado.

Este libro es solo para fines de entretenimiento. Las opiniones expresadas son únicamente las del autor y no deben tomarse como instrucciones u órdenes de expertos. El lector es responsable de sus propias acciones.

La adhesión a todas las leyes y regulaciones aplicables, incluyendo las leyes internacionales, federales, estatales y locales que rigen la concesión de licencias profesionales, las prácticas comerciales, la publicidad y todos los demás aspectos de la realización de negocios en los EE. UU., Canadá, Reino Unido o cualquier otra jurisdicción es responsabilidad exclusiva del comprador o del lector.

Ni el autor ni el editor asumen responsabilidad alguna en nombre del comprador o lector de estos materiales. Cualquier desaire percibido de cualquier individuo u organización es puramente involuntario.

Índice

INTRODUCCIÓN 1
CAPÍTULO 1 - ÁFRICA Y LA ESCLAVITUD 3
CAPÍTULO 2 - COLONIZACIÓN, DESCOLONIZACIÓN E INDEPENDENCIA 13
CAPÍTULO 3 - ÁFRICA Y LAS GUERRAS MUNDIALES 31
CAPÍTULO 4 - GUERRAS CIVILES Y GENOCIDIO 43
CAPÍTULO 5 - DICTADORES Y REVOLUCIONARIOS 63
CAPÍTULO 6 - LAS RELACIONES DE ÁFRICA CON ESTADOS UNIDOS 84
CAPÍTULO 7 - LA RELIGIÓN EN ÁFRICA 95
CAPÍTULO 8 - EL ÁFRICA ACTUAL: LA REALIDAD 103
CONCLUSIÓN 113
VEA MÁS LIBROS ESCRITOS POR CAPTIVATING HISTORY 115
BIBLIOGRAFÍA 116

Introducción

África, el segundo continente más grande de la Tierra, abarca el 20% de la superficie total del planeta y alberga al menos 1.400 millones de personas. Algunos dicen que es la cuna de la humanidad, ya que supuestamente evolucionamos a partir de un orden de primates de especies antiguas.

Desiertos inmensos como el Sahara, exuberantes selvas tropicales como la cuenca del Congo, altas montañas como el Kilimanjaro y ríos interminables como el Nilo tienen su hogar en África, lo que afecta a su rica pero discreta historia.

La historia de África comenzó mucho antes de que se pudiera plasmar sobre el papel, pero en la actualidad, el continente es donde cincuenta y cuatro países han coexistido en partes iguales de cálida armonía y escalofriante caos. En este continente se hablan más de dos mil lenguas, lo que habla de la riqueza de la diversidad cultural en torno a la cual gira la mayor parte de la historia de África. Este libro lo llevará a un viaje por el continente en los tiempos modernos y por cómo superó las épocas oscuras antes de llegar a una era de la mayor estabilidad jamás vista.

Se verá arrastrado a los teatros de la guerra y a las historias de amistad, ambición, traición y sacrificios poco comunes. Tanto si es usted un entusiasta de la historia africana como un curioso principiante, este libro ha seleccionado cuidadosamente los acontecimientos más importantes de la historia africana moderna, las figuras clave y los legados inolvidables.

Al fin y al cabo, como dijo una vez Martin Luther King Jr., «Estamos formados por la historia».

Capítulo 1 - África y la esclavitud

Normalmente, la mención de la trata de esclavos nos lleva a pensar en el comercio transatlántico de esclavos, que duró desde el siglo XVI hasta el XIX. Aunque este periodo de la historia africana transformó radicalmente la vida de millones de nativos y no se puede subestimar, la esclavitud ya existía en el continente mucho antes de la llegada de los europeos.

La antigua África albergaba muchos imperios y reinos en expansión y, como el resto del mundo, tenía sociedades muy estratificadas. La riqueza de una persona dependía de varios factores, entre ellos el número de esclavos que poseía. Se trataba de una forma de esclavitud autóctona que acabaría siendo eclipsada por la esclavitud de exportación a partir del siglo VII.

En el África antigua, no todos los esclavos nacían como tales. Un hecho común, especialmente en África occidental, era la esclavitud por deudas, en la que una persona (normalmente una mujer o un niño) era utilizada como garantía de la deuda. Hasta que se pagaba la totalidad de la deuda, el prestatario mantenía cautiva a la persona en cuestión. En caso de que el deudor muriera antes de pagar su deuda o quedara permanentemente incapacitado para pagarla, la garantía humana seguía siendo propiedad del prestatario. Por ello, los «usureros» de la antigua África eran notorios propietarios de esclavos.

Una exposición de un explorador escocés de África occidental, Mungo Park, permitió conocer mejor la naturaleza de la esclavitud en el África antigua. En su exitoso libro *Viajes por los distritos interiores de África*, Mungo Park describió tres categorías de esclavos y sus realidades:

«Los esclavos en África, supongo, están casi en la proporción de tres a uno con respecto a los hombres libres. No reclaman ninguna recompensa por sus servicios, salvo comida y ropa, y son tratados con amabilidad o severidad, según la buena o mala disposición de sus amos. La costumbre, sin embargo, ha establecido ciertas reglas con respecto al tratamiento de los esclavos, que se considera deshonroso violar. Así, los esclavos domésticos, o los nacidos en la propia casa de un hombre, son tratados con más indulgencia que los comprados con dinero...

»Pero estas restricciones al poder del amo no se extienden al cuidado de los prisioneros tomados en la guerra, ni al de los esclavos comprados con dinero. Todos estos desafortunados seres son considerados como extraños y extranjeros, que no tienen derecho a la protección de la ley, y pueden ser tratados con severidad, o vendidos a un extraño, según el gusto de sus dueños».

En algún momento del siglo VII, la esclavitud por exportación cambiaría la naturaleza y el alcance de esta sórdida práctica, conduciendo a la transformación definitiva de la esclavitud, la trata transatlántica de esclavos.

La trata transahariana de esclavos

Los primeros lotes de esclavos transportados a través del desierto del Sahara eran probablemente prisioneros de guerra. Tras sufrir brutales derrotas por parte de sus enemigos en el campo de batalla, los hombres que lograban escapar de ser abatidos por las flechas o apuñalados por las espadas, eran atados y encadenados antes de ser obligados a correr un destino posiblemente peor que la muerte.

La esclavitud, en cualquiera de sus formas, no es una forma de existencia para una persona. Uno es despojado de su condición de persona, y las generaciones de sus descendientes suelen estar condenadas a la servidumbre. Muchos elegirían con gusto la muerte antes que la esclavitud, si no fuera porque los esclavistas hacían que incluso la muerte fuera un raro lujo. Mientras eran arrastrados por el caluroso Sahara, los esclavos eran alimentados lo justo para mantenerlos con vida. Esta era la práctica de los traficantes de esclavos para proteger su «mercancía» y de los propietarios de esclavos para preservar su riqueza.

El rey Seneferu del antiguo Egipto fue posiblemente el primero en llevar a su reino esclavos capturados de Sudán, pero el comercio transahariano de esclavos se intensificó con las actividades de los bereberes, los árabes y sus camellos.

Hacia el año 650 de la era cristiana, gran parte del norte de África se había impregnado del islam. Los árabes habían conquistado reinos desde Egipto hasta Argelia y se habían apoderado de las rutas comerciales que conectaban estas naciones con otras partes del continente. Al principio, solo había dos rutas comerciales principales, que conducían desde el norte de África a las regiones del lago Chad y el recodo del Níger. Sin embargo, en el siglo VIII se descubrieron más rutas comerciales.

Los esclavos se convirtieron en objeto de comercio entre el África occidental y el norte de África musulmán. El oro también era otro elemento importante del comercio; normalmente se intercambiaba por sal proveniente del norte de África. Taghaza, situada en la región desértica norteafricana de Malí, contaba con vastas reservas de sal y era una fuente importante de esta. Los esclavos extraían la sal y la troceaban en finas losas para venderla en los mercados de Tombuctú, que también formaba parte del Imperio de Malí. Después de comprar y cambiar su sal por oro, los bereberes podían revender el oro a los árabes. Esta interacción fomentó la conversión de muchos bereberes al islam.

Con el paso de los años, en la Alta Edad Media, aumentó la demanda de esclavos en el Imperio árabe musulmán y en el Imperio romano cristiano. Cabe mencionar que los esclavistas del norte de África, especialmente los bereberes y los árabes, solían tener un color de piel ligeramente más claro en comparación con los africanos occidentales. Estos últimos eran llamados «negros» por los norteafricanos, y el color de su piel pronto se convirtió en una justificación para ser esclavizados.

A diferencia del oro o la sal, los traficantes de esclavos del norte de África no siempre compraban esclavos. Se dedicaron a asaltar comunidades del Sahara y a capturar personas para venderlas en los mercados de esclavos. Otra táctica habitual, sobre todo con los niños, era atraerlos con dulces. Los traficantes de esclavos se acercaban a los niños ingenuos, les ofrecían golosinas y los engañaban para que los siguieran a un lugar desconocido.

Marruecos, El Cairo, Trípoli y Argel, en el norte de África, se convirtieron en centros del comercio de esclavos. Las rutas comerciales saharianas entre el norte de África y África occidental se convirtieron en pasos regulares para las caravanas de esclavos. Una caravana de esclavos estándar tenía unos mil camellos, pero los comerciantes de esclavos a veces viajaban en grandes grupos con hasta doce mil camellos. Independientemente del número de camellos que tuviera una caravana de esclavos, no se permitía a los esclavos montar en ellos. Se los encadenaba y se los obligaba a caminar por el caluroso y arenoso desierto desde sus países de origen hasta el norte de África, donde los esperaba una vida más dura.

Una vez llegados a su destino, se les asignaban diversas formas de trabajo no remunerado. Los esclavos varones solían realizar duros trabajos manuales en obras de construcción, granjas y minas. Algunos eran castrados y obligados a trabajar como eunucos de palacio. Las mujeres solían ser sometidas a esclavitud doméstica o se convertían en esclavas sexuales o concubinas. Las peores condiciones de esclavitud se daban en las minas durante esta época. Miles de esclavos —hombres, mujeres y niños— trabajaban hasta la muerte en las minas de sal y cobre de todo el norte de África. Apenas se los alimentaba y estaban brutalmente expuestos al trato más despreciable por parte de los funcionarios de las minas, que sustituían a cualquier esclavo que muriera en las minas por otro.

Los esclavos se entregaban como tributo o como regalo a los emperadores y sus funcionarios. Cuando el estado cristiano de Makuria (un reino nubio) fue invadido por el califato musulmán egipcio en el siglo VII, Makuria firmó un tratado de paz, acordando suministrar esclavos como tributo a Egipto cada año. Este pacto se mantuvo durante al menos los siguientes seiscientos años.

Mientras el norte de África asolaba el África occidental en su búsqueda de esclavos para transportarlos a través del Sahara, otra forma de esclavitud prevalecía en torno al océano Índico. El océano Índico se encuentra en su mayor parte en Asia, pero está conectado con África oriental y América (a través del océano Pacífico).

El comercio de esclavos africanos a lo largo de esta ruta comenzó con la invasión de la costa swahili por los árabes musulmanes en el siglo IX. Como se recordará, los musulmanes iniciaron su programa expansionista en el norte de África en el siglo VII y luego se trasladaron a otras partes del continente. La costa swahili estaba situada en el este de África, cerca del océano Índico. Cuando la región pasó a formar parte del imperio islámico, los traficantes de esclavos acudieron a la costa para capturar a los nativos para venderlos. Desde la costa, avanzaron hacia el interior de lo que hoy es Tanzania, Kenia, Malawi y Mozambique.

Los bantúes de la costa suajili fueron el grupo más perseguido. Los bantúes son un colectivo de más de cien grupos étnicos que se asentaron en toda África oriental. En lo que fue un éxodo forzoso masivo por el océano Índico, los bantúes se encontraron en barcos de esclavos que se dirigían al norte de África, donde posteriormente fueron enviados a las islas del Índico. Al igual que los esclavos de África Occidental, estos esclavos eran suministrados a las minas, los hogares y las plantaciones.

El siglo XV se abrió con la aparición de nuevos esclavistas que no eran negros. Procedían de una tierra lejana de Europa llamada Portugal, y no fueron los únicos que invadieron el continente africano con una demanda insaciable de esclavos.

La trata transatlántica de esclavos

Su destino era Point Comfort, pero la comodidad había sido todo lo contrario a su experiencia en el *White Lion*, el barco de guerra que los había llevado lejos de casa a un mundo extraño.

Una veintena de ellos había sobrevivido a los últimos y duros meses en el mar, pero más de veinte habían partido de Angola. Los angoleños, desaliñados y horrorizados, habían perdido probablemente la noción del tiempo. Era agosto de 1619, meses después de haber sido secuestrados en sus hogares de Ndongo y Congo, en África.

Los angoleños serían vendidos a nuevos amos en la colonia británica de Virginia, y serían los primeros de los millones de africanos que serían transportados a América durante los tres siglos siguientes.

Como uno de los crímenes más violentos contra la humanidad, la trata transatlántica de esclavos fue un acontecimiento importante en la historia de África. Comenzó con la incursión de los portugueses en las costas de África Occidental para comprar esclavos a partir de mediados del siglo XV. Habían visto la práctica durante sus relaciones con los norteafricanos y sabían lo lucrativo que sería unirse al negocio. Teniendo en cuenta que la esclavitud había existido en el continente africano durante siglos antes del comercio transatlántico de esclavos, los europeos tenían los ojos puestos en la compra de esclavos desde su primer contacto con África. Sin embargo, las tecnologías marítimas en Europa aún no habían evolucionado lo suficiente, y ningún barco podía soportar el viaje oceánico desde África con tanta gente.

Las transformaciones en la construcción de barcos llegaron durante el siglo XV, lo que permitió a los europeos de otros países, como Gran Bretaña, Francia, España y Dinamarca, establecer puestos de avanzada en las costas de África.

La medicina no estaba lo suficientemente avanzada como para combatir la malaria y otras enfermedades tropicales en aquella época, por lo que los traficantes de esclavos europeos recurrían a agentes africanos, normalmente jefes y líderes nativos, para llevar a los esclavos desde el interior hasta la costa. Los nativos eran capturados en incursiones y guerras, o mediante secuestros, extorsiones y engaños. Luego eran vendidos a los europeos y transportados lejos.

La estructura del comercio transatlántico de esclavos era triangular, al menos en su mayor parte. Comenzaba con la compra de esclavos por parte de los europeos a las élites africanas y a los comerciantes de esclavos. A cambio de los esclavos, las élites africanas y los comerciantes recibían un pago en textiles, vidrio, alimentos y, a veces, armas. A partir de ahí, los europeos transportaban los esclavos comprados a través del océano Atlántico hasta las Américas, marcando la segunda parte del triángulo. En las Américas, los esclavos eran comprados por un precio mucho más alto que el de su compra. Los traficantes de esclavos europeos volvían a Europa con una gran cantidad de tabaco, azúcar, café, algodón y otros artículos. Esto marcó la tercera y última parte del sistema de comercio triangular.

Se calcula que se tardaba ocho semanas en llegar a América desde las costas de África. El barco de esclavos promedio tenía una construcción única. Las cubiertas superiores de los barcos negreros eran para los comerciantes europeos y sus espaciosos camarotes. La cubierta inferior era donde se encadenaban de cien a setecientos cautivos africanos a losas y se los almacenaban como carga. Los esclavistas europeos preveían la muerte de los cautivos mientras estaban en el mar, por lo que procuraban embarcar el mayor número posible en un barco.

Los cautivos eran apilados unos encima de otros, sin libertad de movimiento. Los desnudaban, los marcaban y les encadenaban las manos y los pies antes de encajarlos en las cubiertas inferiores de los barcos. Los meses que pasaban en el mar eran abismales. Los africanos sufrían asfixia, desnutrición y el hedor putrefacto de la suciedad, lo que llevó a la noción popular de que un barco de esclavos podía ser olido desde la distancia por otros barcos. Las enfermedades causadas por las pésimas condiciones de los barcos negreros provocaron la muerte de muchos cautivos. Otros fueron torturados hasta la muerte por los esclavistas a bordo o llevados al borde del suicidio. Los cautivos que morían en el mar, unos 1,8 millones, eran arrojados al océano Atlántico para que sirvieran de alimento a los tiburones, junto con los cautivos heridos o enfermos.

Durante estos viajes se produjeron revueltas, sobre todo a partir del siglo XVII. Estas revueltas solían ser sofocadas y los cabecillas eran casi siempre castigados con la muerte y la tortura. Como medida preventiva, los hombres cautivos eran encadenados por el cuello unos con otros.

Los barcos de esclavos también eran propensos a los violentos ataques externos de los piratas, que trataban a los cautivos de forma igualmente inhumana. Los abusos sexuales y físicos eran habituales en los barcos de esclavos, y en los casos de viajes prolongados provocados por un clima marítimo imprevisible, las raciones de comida para los cautivos se agotaban o se suspendían.

El comercio transatlántico de esclavos arrasó el continente africano. Las Américas pronto se poblaron de esclavos generacionales cuyas condiciones de vida a menudo apenas mejoraban con respecto a los horribles viajes forzados que habían emprendido sus antepasados. Los niños nacidos en la esclavitud seguían siendo propiedad de los dueños de sus padres, y soportaban duros trabajos en plantaciones, fábricas, minas y hogares.

Más de doce millones de africanos fueron capturados y transportados a la fuerza a las Américas (Norteamérica, Centroamérica, Sudamérica y el Caribe) para ser esclavizados, lo que alteraría el curso de la historia del mundo para siempre.

La abolición de la trata de esclavos

En el siglo XVIII, la raza negra se había identificado estrechamente con la esclavitud.

Mucho tiempo después de la abolición de la trata de esclavos, los negros seguirían siendo tratados innoblemente por la población blanca como seres humanos de clase baja, un legado duradero que afecta a las sociedades contemporáneas.

El clamor por el fin de la trata de esclavos comenzó con las víctimas de la misma. La esclavitud había estado tan arraigada en la vida de la gente que existían justificaciones religiosas y constitucionales para ella. Liberarse de la opresión sistémica no sería fácil, pero las nuevas generaciones de africanos que habían sido esclavos toda su vida buscaban desesperadamente un cambio.

Es importante señalar que la esclavitud era un negocio muy lucrativo. A diferencia de las élites y los comerciantes africanos que vendían a sus compatriotas, muchos comerciantes de esclavos europeos eran inmensamente ricos. Y el trabajo gratuito de miles de esclavos en América supuso la acumulación de riqueza para sus propietarios. Los gobiernos europeos se beneficiaron directamente de la trata de esclavos al cobrar impuestos a los propietarios de esclavos o a sus negocios.

Las subastas de esclavos, las ventas con descuento y las ofertas promocionales eran completamente legales, y las rebeliones de esclavos se trataban como motines ilegales que debían ser castigados por la ley o por los propios propietarios de esclavos, según su criterio.

Siglos de esta indignación reprimida pronto se convirtieron en revueltas que pedían la abolición de la trata de esclavos. Mientras tanto, algunos otros factores marcarían la diferencia entre las revueltas del pasado y las del siglo XVIII.

Por ejemplo, el continente europeo entró en la Ilustración a finales del siglo XVII. Se descubrieron nuevas ciencias y tecnologías, y se desarrollaron máquinas para sustituir el trabajo manual. Las máquinas se hicieron más baratas, más eficientes y no necesitaban ser alimentadas para trabajar. Pronto, el uso de esclavos se convirtió en un medio de producción cada vez más elaborado y costoso. Si bien los esclavistas occidentales se beneficiaron de la vertiginosa evolución intelectual y científica, no estaban dispuestos a desprenderse de su propiedad humana adquirida. Hicieron falta años de creciente presión y sangrientas rebeliones de esclavos para que abandonaran la práctica.

Los primeros abolicionistas de la historia fueron esclavos como Olaudah Equiano, que consiguieron comprar su libertad a sus «amables» amos, y colonos blancos como Benjamín Lay, motivados por su aversión a la esclavitud. Estos individuos, junto con cientos (posiblemente miles) de otros abolicionistas anónimos, iniciaron un movimiento imparable a finales del siglo XVIII.

La Sociedad para la Abolición de la Trata de Esclavos Africanos se creó en 1787 en Pensilvania. Los cuáqueros de Georgia habían surgido mucho antes, y los dos grupos de cuáqueros lanzaron campañas contra la esclavitud. Algunas iglesias de Europa y América mantenían posturas morales contra la esclavitud, pero solo durante la Ilustración las cosas empezaron a cambiar.

Del mismo modo, en 1791 estalló una histórica revolución antiesclavista en Saint-Domingue, Haití, contra el dominio opresivo de los señores franceses. Los esclavos se rebelaron en masa contra la tortura. Los lideró un antiguo esclavo llamado Toussaint Louverture. Impulsados por su rabia colectiva y su desesperación por ser liberados de los esclavistas blancos, los haitianos esclavizados se lanzaron al ataque. Los exesclavos y los esclavos fugitivos se unieron a otros que aún eran esclavos para hacer algo más que envenenar a sus amos. Con Toussaint Louverture al frente de un formidable movimiento, la fuerza antiesclavista creció hasta incluir a cientos de miles de personas en 1793. El gobierno francés y los esclavistas se vieron amenazados por esta coalición, y se tomaron medidas militares para contener la rebelión. Esto terminó en una derrota para los europeos en 1804.

La Revolución haitiana se extendió mucho más allá de su origen, incluso a la colonia española de Santo Domingo (hoy República Dominicana). La Revolución haitiana se considera la mayor y más exitosa rebelión de esclavos de la historia y un presagio de los acontecimientos que siguieron en los primeros años del siglo XIX.

A principios del siglo XIX, la trata de esclavos fue abolida legalmente en rápida sucesión, con Dinamarca a la cabeza en 1803. Gran Bretaña le siguió con la Ley de Comercio de Esclavos de 1807, tras los esfuerzos de miembros del Parlamento como William Wilberforce por tomar medidas contra la esclavitud institucionalizada. El Congreso de Estados Unidos ratificó el fin de la trata de esclavos en 1808. Sin embargo, el comercio ilegal de esclavos continuó.

Por ejemplo, en 1860, el *Clotilda*, el último barco negrero conocido, zarpó de África Occidental hacia Estados Unidos de América.

Conclusión

El racismo es un vástago de la trata de esclavos y siguió formando parte de las relaciones europeas con África. En contra de lo que se debió anticipar desesperadamente, el fin de la trata transahariana y transatlántica no fue el fin de la opresión negra o africana. Después de que los barcos negreros dejaran de atracar en las costas de África, seguiría el dominio colonial, otros cuatrocientos años de explotación económica.

En el África contemporánea siguen existiendo variantes de la trata de esclavos. Los trabajos forzados y la esclavitud por deudas abundan en el Congo, mientras que el tráfico de niños, así como la esclavitud sexual y doméstica son comunes en algunas partes de Ghana, Benín, Etiopía, Chad, Togo, Nigeria y otros países africanos.

Los esfuerzos de los grupos humanitarios y otros para frenar estos brotes han tenido un efecto mínimo, y los esclavizados siguen en un cautiverio desesperado.

Capítulo 2 - Colonización, descolonización e independencia

La colonización: La cuestión europea

Mucho antes de que África se convirtiera en un hervidero de dominio colonial, gran parte del continente existía en grupos de comunidades tribales. Las páginas de la historia muestran que el punto álgido de la subyugación política de África se produjo a principios del siglo XX; sin embargo, esta historia comienza mucho antes.

La historia de la colonización europea del siglo XX en África comienza en el siglo XV. El primer punto de contacto entre africanos y europeos fue el comercio.

La naturaleza de este comercio se diversificó de una región africana a otra, pero los comerciantes europeos nunca viajaron al interior de África para hacer negocios. Se quedaron en la costa, y los destinos costeros africanos, como Angola, Argelia y Mozambique, pronto vieron aumentar los asentamientos europeos.

En aquella época, los pueblos de África no tenían sistemas políticos muy estructurados. Las comunidades estaban dirigidas por reyes, jefes tribales y líderes de clanes. Los africanos no solían ser reacios a la presencia de extranjeros en sus tierras, siempre y cuando se respetaran sus normas de convivencia pacífica y no invasiva.

En los años siguientes, la dinámica del comercio con los europeos pasó de comprar artículos a comprar seres humanos. El continente africano se sumió entonces en una despiadada era de migración forzada, con el envío de africanos a las Américas, principalmente al Caribe. Se calcula que entre diez y doce millones de africanos fueron capturados y enviados a través del océano Atlántico al «Nuevo Mundo» para ser esclavizados en plantaciones y hogares. El comercio de esclavos era un negocio lucrativo para los europeos, y más comerciantes acudieron a las regiones costeras africanas para participar del mismo.

A principios del siglo XIX se produjo el fin de la trata de esclavos africanos en muchos de los países que habían participado en ella. Con el declive del comercio de esclavos, cabía esperar que los africanos ya no vieran tantos esclavistas europeos, o ningún europeo, salvo los insufribles contrabandistas de esclavos. En cambio, se intensificaron los nuevos esfuerzos orientados a penetrar en el interior de África.

Podemos preguntarnos por qué había sido tan difícil para los europeos establecerse en el interior de África antes de este periodo. Al fin y al cabo, los africanos estaban mal equipados militarmente frente a los europeos y no habrían podido contenerlos durante demasiado tiempo.

En primer lugar, los africanos tenían una ventaja territorial. Y lo que es más importante, estaban acostumbrados al clima tropical. Por otro lado, los europeos tenían poco conocimiento del paisaje, y las tecnologías médicas que poseían no eran suficientes para asegurar su supervivencia en el trópico. También estaba el problema de la malaria, que mataba entre uno y seis de cada diez europeos que lograban acceder al interior de África.

Esta inaccesibilidad, más la distracción que suponía todo el dinero que los europeos ganaban como traficantes de esclavos, los mantenía contentos con las regiones costeras, pero todo eso cambiaría pronto.

La Gran Depresión de la década de 1870 sacudió a América y Europa durante más de una década. En Europa, la Gran Depresión fue un periodo de crisis económica, causada en parte por la excesiva financiación de guerras territoriales de larga duración.

Es importante señalar que la política europea estaba dominada por la competencia. La búsqueda por emerger como una potencia mundial llevó a las principales naciones europeas, como Gran Bretaña, Alemania, Francia, Bélgica, Portugal, Rusia e Italia, a participar en constantes conflictos. Cada uno de estos países buscaba la expansión económica y no se detendría ante nada para lograr el dominio militar y político sobre otras naciones de Europa y sus colonias.

Esta rivalidad provocó un importante descenso en las arcas de las naciones, y con el inicio de una recesión económica, las potencias europeas buscaron desesperadamente una solución.

Los precursores

Mientras tanto, en África, los africanos veían menos a los traficantes de esclavos y más a una nueva hornada de europeos. Se llamaban a sí mismos exploradores.

A diferencia de los esclavistas, los exploradores no se contentaban con quedarse en la costa. Su curiosidad iba más allá de los puertos marítimos y lanzaron expediciones al interior de África, cartografiando la geografía del continente y familiarizándose con los habitantes nativos mientras realizaban su viaje.

Algunos nombres destacados fueron David Livingstone, Henry Morton Stanley y Carl Peters. Durante sus aventuras en África, se encontraron con descubrimientos más intrigantes de lo que podían imaginar. África era más de lo que parecía desde la costa. Sus tierras eran ricas en vastas reservas de recursos naturales sin explotar, como madera, oro, caucho, marfil, carbón, petróleo, aceite de palma e incluso diamantes.

Para ellos, África era una auténtica mina de oro.

La malaria y la fiebre amarilla siguieron siendo una amenaza para las expediciones hasta que se descubrió que la quinina, un medicamento inventado por investigadores franceses, era una cura para la malaria. Con esta cura en la mano, los exploradores y otro grupo de europeos, los misioneros cristianos, se infiltraron en el interior de África.

Las misiones religiosas en África habían desempeñado un papel importante en la reivindicación de la abolición de la trata de esclavos. Los misioneros cristianos se adentraron en el continente africano con el propósito de convertir a la población nativa de sus diversas creencias tradicionales (incluido el islam) al cristianismo. Esto surgió de su responsabilidad percibida de mostrar a la gente de África el camino de la regeneración (un segundo nacimiento a través de la aceptación de Cristo) y hacer que sus mentes se vuelvan hacia formas más «legítimas» de comercio para reemplazar el comercio de esclavos abolido.

Al principio, los misioneros cristianos se encontraron con la firme resistencia de los africanos conservadores y la dureza del clima, pero tuvieron éxito en las zonas costeras. Ello se debió a que los asentamientos europeos en la costa africana se habían multiplicado considerablemente, convirtiéndose la zona en su base.

Cuando llegó el principio del siglo XIX, se envió a África otra afluencia de misiones de las iglesias anglicana, metodista, baptista y católica. Las actividades de los misioneros blancos, de los antiguos esclavos que regresaron como cristianos africanos y de los mulatos de la costa culminaron con la eventual aceptación del cristianismo en muchas partes de África. La construcción de iglesias, hospitales e instituciones de educación occidental también atrajo a los africanos a la forma de pensar occidental. Mientras que el islam conservó con éxito su fortaleza en el noreste, otras religiones tradicionales fueron suplantadas gradualmente.

Los exploradores y misioneros enviaron informes de sus progresos a sus países de origen. Cuando se enfrentaron a la dura oposición de los africanos, solicitaron a sus gobiernos que les proporcionaran protección. Era solo cuestión de tiempo para que los descubrimientos de África encendieran las motivaciones imperialistas en Europa.

La lucha por África

La loca carrera

Un día de junio de 1878, el rey belga Leopoldo II recibió en su majestuoso palacio de Bruselas a un explorador estadounidense de origen galés llamado Henry Morton Stanley.

El rey tenía grandes planes para hacerse con una porción del continente africano, y Stanley estaba bastante familiarizado con la región, ya que había explorado partes de ella en su búsqueda de su colega David Livingstone.

Stanley, que había sido famoso por sus actos de violencia contra los africanos que encontró durante su estancia en el continente, había sido marginado por el gobierno británico. Sus peticiones para que se le encargara someter a África a la subyugación británica fueron ignoradas debido a que mataba a los nativos indiscriminadamente y saqueaba el marfil.

Cuando Stanley fue llamado por un Leopoldo II más entusiasta, encontró un hombre de ideas afines. Leopoldo II tenía los ojos puestos en una joya de la cuenca del Congo en África Central. Stanley recibió la autoridad para iniciar conversaciones sobre tratados con los jefes locales del Congo. Con la excusa de la filantropía y de «civilizar» África, Stanley se embarcó bajo el estandarte del rey Leopoldo II para ejecutar su cometido.

Stanley no gozaba de buena disposición entre muchos nativos, pero su mensaje de rey «generoso» de los belgas fue bien recibido por los caciques. Poco sabían que Leopoldo tenía planes más siniestros.

El primer informe de Stanley al rey Leopoldo II sobre el Congo fue sobre las perspectivas de la extracción del caucho. Al igual que el oro y la madera, el caucho tenía una gran demanda en Europa, lo que lo hacía muy valioso. El Congo tenía vastas reservas de caucho, y la idea de lo rico que se volvería al poseerlo todo debe haber mantenido a Leopoldo II despierto por la noche.

Sin embargo, Bélgica carecía de los fondos para financiar su empresa. Leopoldo II necesitaba apoyo internacional. Al mismo tiempo, no podía dejar entrever que tenía una agenda imperialista personal para el Congo, así que disfrazó sus misiones en África Central como puramente filantrópicas.

Otros países de Europa tenían sus ojos puestos en diversas partes de África, y ya se estaban realizando múltiples incursiones encubiertas. La red de comunicaciones de inteligencia entre los exploradores de África y las autoridades europeas se fortaleció. El deseo supremo de cada nación era controlar más partes de África que nadie, ya que significaba más riqueza, prestigio y poder político.

Con el tiempo, los franceses adquirieron información de que, en contra de sus afirmaciones, Leopoldo se estaba moviendo en secreto para establecer una colonia en el Congo. Inmediatamente, Francia comisionó a Pierre de Brazza, un oficial de la marina, al Congo. Su misión era poner partes del Congo bajo control francés antes de que Leopoldo reclamara toda la región. El éxito de esta misión y el establecimiento del Congo Brazzaville (que lleva el nombre de Brazza) en 1883 alteraron ligeramente la empresa de Leopoldo II, pero Bélgica y Francia no eran los únicos actores en el juego.

Alemania, bajo el liderazgo de Otto von Bismarck, también buscaba el dominio del mundo. A principios de la década de 1880, las colonias alemanas en África se extendían desde el suroeste hasta Camerún y también incluían Tanganica y Togolandia. Gran Bretaña estaba marcando su territorio en muchas partes de África Occidental. Tras derrotar a Austria a mediados del siglo XIX, Italia intentó expandirse a Eritrea, Etiopía y otras partes de África Oriental. Portugal tampoco se quedó al margen de la pugna, especialmente en partes del Congo y Guinea y en algunas regiones del sur de África.

El temor a que Alemania se apoderara de sus porciones reclamadas aumentó las tensiones entre Alemania y Gran Bretaña, Francia e Italia. La guerra era inminente en Europa, lo que aumentó los deseos de estos países de explotar sus colonias para obtener beneficios económicos. También deseaban utilizarlas como bases militares.

Leopoldo II opinaba que África no tenía por qué ser motivo de rivalidades mortales. Si los países colonizadores se ponían de acuerdo para vivir según ciertas reglas de compromiso, la partición de África podría ejecutarse pacíficamente. Esta idea llegó a oídos del poderoso Otto von Bismarck de Alemania. En 1884, convocó a trece naciones europeas y a Estados Unidos a una histórica conferencia en Berlín. Según algunas fuentes, la Conferencia de Berlín fue una sugerencia de Portugal por su deseo de controlar una parte del Congo. La propuesta fue hecha a Bismarck, y entonces se programó la Conferencia de Berlín.

Una caricatura satírica de Leopoldo y otros imperialistas repartiéndose África en la Conferencia de Berlín

https://commons.wikimedia.org/wiki/File:Cartoon_depicting_Leopold_2_and_other_emperial_powers_at_Berlin_conference_1884.jpg

La Conferencia de Berlín fue una mesa redonda de naciones europeas que se repartieron el continente africano. Los representantes de estos países se reunieron en torno a un mapa de África para decidir quién se quedaba con qué, sin la participación de los terratenientes y los nativos. Planeaban utilizar todos los medios necesarios para apoderarse de las partes de África que deseaban.

Por supuesto, estos motivos se disfrazaron con términos diplomáticos, como el libre comercio con África. El supuesto objetivo de este comercio era establecer relaciones mutuamente beneficiosas con los nativos africanos. Aparentaba ser un esfuerzo principalmente humanitario, pero todo era una fachada.

Con la excepción de Estados Unidos, las naciones representadas en la Conferencia de Berlín legitimaron su pretensión sobre África y pasaron a ejecutarla sin contemplaciones. En la Conferencia de Berlín, las naciones europeas rivales encontraron un terreno común y redirigieron su animosidad hacia los demás.

La Conferencia de Berlín es vital en la cronología de la colonización, pero no como la causa del reparto África, como algunos relatos erróneamente la sitúan. El reparto ya había comenzado, y la Conferencia de Berlín proporcionó a los imperialistas europeos la justificación que tanto necesitaban para la invasión.

La ejecución

En la tarde del sábado 15 de noviembre de 1884, día en que se inició la Conferencia de Berlín, el 80% de África se gobernaba a sí misma. Los jefes locales y tradicionales eran los timoneles políticos de sus comunidades, y se cuenta que cierto sultán de Zanzíbar se esforzó por ser invitado a la Conferencia de Berlín.

Los acontecimientos que siguieron a la conferencia dejaron claro por qué los africanos habían sido excluidos de la «cumbre humanitaria». La incursión de los europeos en el interior de África aumentó astronómicamente, y se consiguió que los líderes tradicionales cedieran su autoridad a los amos extranjeros por medios sutiles. Cuando la sutileza fallaba, comenzaban las amenazas y se desataba la fuerza militar.

Los africanos apenas se habían recuperado de la desintegración de sus familias y sociedades durante la trata de esclavos cuando llegaron los violentos vientos del imperialismo.

La realidad de «poseer» África hizo que los europeos descubrieran que el continente era más intrincado geográficamente de lo que habían trazado. Las vastas comunidades nativas, incluso las más próximas entre sí, hablaban diferentes dialectos y tenían culturas diversas. Esto supuso un gran reto para la administración europea.

Como solución, los europeos emprendieron la siguiente fase de su dominación: una agresiva reorganización de los límites políticos y culturales de las comunidades africanas. Las tribus independientes y las comunidades locales se fusionaron a la fuerza en entidades políticas más grandes llamadas colonias.

Este acuerdo se hizo únicamente para facilitar la administración colonial, pero sin tener en cuenta las diferencias sociales y culturales de los grupos de personas que se habían fusionado. Esto provocó una conmoción cultural en todo el continente, pero los africanos se vieron indefensos ante sus captores. Esto fue el resultado de la desunión al estar fusionados con otros grupos de personas que eran totalmente diferentes y la ventaja militar de los europeos.

El Congo, que estaba bajo el gobierno de Leopoldo II, fue uno de los más afectados por la agresión imperialista. No se parecía en nada al «Estado libre», término que también se prescribía a otras colonias europeas. El Congo, sus habitantes y todos sus recursos pasaron a ser propiedad privada del rey Leopoldo II. Se impuso a los habitantes nativos el trabajo duro en la extracción de caucho, y sufrieron dolorosas muertes a instancias del rey si se resistían.

En algunas partes de África Occidental, el sistema de gobierno indirecto fue introducido por Gran Bretaña. Los gobernantes tradicionales se encargaban de administrar al pueblo, pero solo como figuras controladas por el gobierno británico. Los franceses también impusieron un sistema de asimilación en África Occidental. Este sistema pretendía convertir a los nativos africanos en franceses de clase baja. Se los obligaba a hablar, actuar y vestir como los franceses, lo que eliminaba la necesidad de gobernantes tradicionales. El método de colonización de Portugal fue similar al de Francia. Al ser el primer imperio europeo que se extendió por África, Portugal mantenía un firme monopolio sobre el comercio en todas sus colonias de África Central.

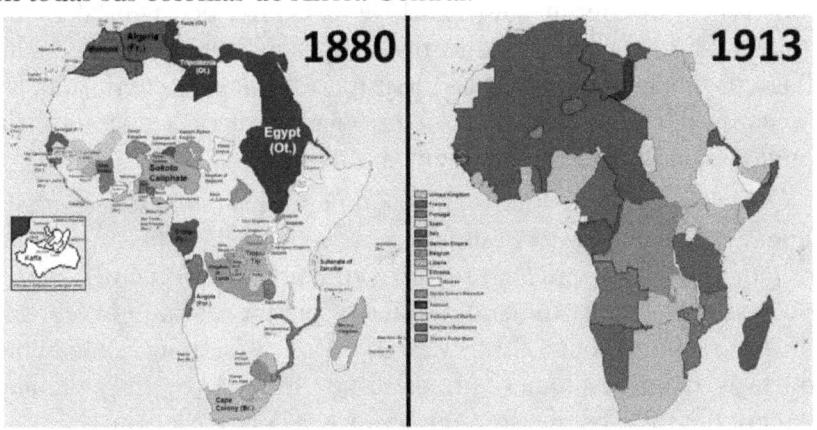

Una comparación de África en 1880 y 1913

davidjl123 / Somebody500, CC BY-SA 4.0 <https://creativecommons.org/licenses/by-sa/4.0>, vía Wikimedia Commons; https://commons.wikimedia.org/wiki/File:Scramble-for-Africa-1880-1913.png

Ya sea diplomática o directamente agresiva, la naturaleza de la colonización europea en África fue extremadamente explotadora. Al igual que la abolida trata de esclavos, el imperialismo legitimó el transporte de recursos naturales y minerales de África a Europa a costa de los nativos. También se llevaron esculturas artísticas, monumentos y otros artefactos de inmensa importancia cultural para los africanos.

En los setenta años posteriores a la Conferencia de Berlín, las tornas habían cambiado. Los africanos ya no tenían el control mayoritario del continente; el porcentaje de regiones controladas por los europeos en África se disparó hasta un asombroso 90%. Si bien este dato es indicativo del tremendo éxito del imperialismo, también pone de manifiesto la existencia de unas pocas regiones africanas que no cedieron al tifón que arrasó el continente.

Pero, ¿cómo evadieron a los imperialistas?

Los evasores

Etiopía, que existía a finales del siglo XIX como un poderoso imperio de África Oriental, había estado previamente en conflicto con Italia por la colonización de Eritrea.

Durante el reparto de África, Italia reclamó a Eritrea como colonia, pero haría falta algo más que la propaganda de la Conferencia de Berlín para desalojar a Eritrea de la fortaleza de Etiopía. Etiopía era un rival formidable, y su emperador, Menelik II, era un poderoso constructor de imperios que no cedería ante las amenazas de Italia. Esto llevó a Etiopía y Eritrea a una serie de conflictos y años de enfrentamientos militares.

Quizá se pregunte qué tiene de bueno Eritrea. Eritrea era (y sigue siendo) una región estratégicamente situada a lo largo de la costa del mar Rojo y rica en recursos minerales, especialmente oro, cobre, mármol, zinc, mineral de hierro, piedra caliza, petróleo, gas natural, granito y potasa. Estas variadas reservas eran increíblemente atractivas para cualquier imperialista. Etiopía e Italia tenían ciertamente sus ojos puestos en los vastos recursos de Eritrea.

Tras un prolongado conflicto, el emperador Menelik II de Etiopía aceptó un compromiso con los italianos. En 1889 se firmó un tratado en Wuchale, Etiopía, por el cual tanto Italia como Etiopía podían conservar partes de Eritrea para sí mismas sin cruzar las fronteras de la otra.

El Tratado de Wuchale se documentó tanto en italiano como en amárico, siendo este último el idioma oficial de Etiopía. Con la rápida expansión de la colonización por toda África a finales del siglo XIX, los italianos debieron pensar que era el momento perfecto para iniciar la toma completa de Eritrea.

Esto dio lugar a otra oleada de conflictos en relación con la versión amárica del artículo 17 del Tratado de Wuchale. «Su Majestad, el rey de reyes de Etiopía podría permitirle hacer uso del Gobierno de Su Majestad, el rey de Italia para todos los negocios que tuviera con otras potencias o gobierno».

En la versión italiana del tratado, la frase «podría permitir» se documentó como «permite», lo que implicaba que el gobernante de Etiopía estaba obligado a mantener relaciones exteriores bajo el gobierno italiano. Esto equivalía a ceder su autoridad al rey de Italia.

El emperador Menelik II vio que se trataba de un intento de utilizar una semántica trillada para afirmar su dominio sobre Etiopía y lo derogó al instante. Tenía razón. Los italianos habían resuelto recuperar no solo toda Eritrea, sino todo el Imperio etíope.

El gobierno italiano respondió a la resistencia de Menelik con un enfrentamiento militar que se convirtió en la batalla de Adwa, que tuvo lugar en marzo de 1896.

El emperador Menelik II de Etiopía
https://commons.wikimedia.org/wiki/File:Menelik_II_of_Ethiopia_Negus%C3%A4_N%C3%A4g%C3%A4st.jpg

El ejército de hombres y mujeres de Menelik II marchó y presentó un frente impresionante contra los italianos. La batalla de Adwa se saldó con una victoria decisiva para Etiopía. Esto le valió a la nación africana el apoyo de Rusia y Francia. Sin embargo, el emperador Menelik II no llevó su victoria más allá de lo necesario. Lo que más le importaba era la conservación de la independencia de Etiopía.

La victoria en la batalla de Adwa consolidó el estatus de Etiopía como uno de los pocos países africanos independientes en 1899. Aunque Italia había sido derrotada, reaparecería y se anexionaría partes de Etiopía en la década de 1930. Sin embargo, incluso esa situación no duró mucho.

En algunas fuentes históricas se dice que Etiopía quedó excluida del colonialismo porque no había nada en la región que pudiera explotarse. Esto no es necesariamente cierto. Etiopía era una región sin salida al mar con extensos campos verdes para la agricultura. Su falta de recursos minerales no la hacía poco atractiva. Si no fuera por los esfuerzos de Menelik II, los italianos probablemente habrían convertido a Etiopía en una colonia.

Otra nación que quedó exenta de la dominación europea generalizada en África fue Liberia. A diferencia de Etiopía, las circunstancias únicas que llevaron a la creación de Liberia la protegieron del imperialismo europeo, no de su resistencia.

Tras la abolición de la trata de esclavos, América se convirtió en el hogar de muchos esclavos liberados que tenían ideas opuestas sobre cómo conseguir su libertad colectiva. Mientras algunos deseaban ir a África, otros pensaban quedarse en América y luchar por un lugar como verdaderos ciudadanos.

Al mismo tiempo, estallaron conflictos ideológicos entre los estadounidenses blancos que querían que los esclavos liberados se fueran de América y otros que estaban en total desacuerdo. En 1817, la Sociedad Americana de Colonización fue creada por hombres blancos (algunos de ellos propietarios de esclavos), y su misión era enviar a los esclavos liberados a África. Los miembros de esta sociedad no tenían necesariamente motivos humanitarios para ello (aunque algunos sí), pero apoyaban a los esclavos liberados que estaban dispuestos a emigrar.

El destino era un nuevo asentamiento en la costa oeste, al que los esclavos liberados llegaron en 1821. Se conoció como Liberia en 1824.

Liberia se popularizó como una colonia de América y hogar de los afroamericanos emigrantes. Esto hizo que la región quedara fuera de los límites de los europeos invasores durante el reparto de África. Los nativos que habitaban la región fueron rechazados por los nuevos colonos y se instaló una estructura política de tipo americano. Liberia se independizó de Estados Unidos en 1847.

En cuanto a las regiones africanas que eludieron el imperialismo europeo, el Estado derviche es otro ejemplo digno de mención. El Estado derviche era una coalición de clanes de lo que hoy se conoce como Somalia. Mohamed Abdulá Hassan vio cómo gran parte de África había sido ocupada por los invasores europeos.

Desde sus humildes comienzos como pastor nómada hasta su ascenso como líder religioso y político a principios del siglo XX, Hassan decidió luchar contra el colonialismo europeo y la propagación del cristianismo en su tierra. Reunió a miles de personas de su pueblo natal y de otras comunidades vecinas para resistir a los imperialistas británicos. En aquella época, los pueblos de Somalilandia también se defendían de las invasiones italianas y etíopes.

Hassan estuvo a la altura de las circunstancias y se puso al frente de la resistencia contra el cristianismo y los colonizadores. Su elocuencia y carisma hicieron aumentar el número de seguidores, atrayendo a muchos de los clanes islámicos. En 1908, el Estado derviche atacó a las fuerzas británicas y las obligó a retirarse del interior de Somalia. Hassan se hizo rápidamente conocido entre los británicos como el «mulá loco». Hasta su colapso en 1920, el Estado derviche nunca fue colonizado.

Descolonización e independencia

Hacía cientos de años que África se había repartido en una mesa de imperialistas europeos. La realidad de esta partición golpeó con más fuerza a los africanos.

A pesar de la exitosa importación del cristianismo, la educación occidental y otras infraestructuras al «incivilizado» continente africano, el gobierno colonial representó un periodo de opresión y discriminación sistémica contra los verdaderos dueños de la tierra.

Unas pocas comunidades se opusieron violentamente a la imposición del dominio extranjero, pero fueron sometidas por la superioridad del armamento europeo. Sin embargo, no fueron silenciadas para siempre. Los gobiernos coloniales tuvieron que hacer frente con frecuencia a levantamientos y rebeliones. Un buen número de estas luchas anticoloniales se extinguieron antes de mediados del siglo XX, cuando se produjeron rebeliones a mayor escala.

La descolonización fue la eventualidad de todo ello, pero ¿qué significó realmente para los afectados? Obviamente, la descolonización fue el fin de la colonización, pero sus implicaciones fueron más profundas. En primer lugar, la descolonización marcó el inicio de un orden político en África que, en su mayor parte, seguía el modelo de la estructura occidental.

No se podía volver a la antigua existencia de África como un conjunto de comunidades independientes. Los intentos de ciertos grupos étnicos de separarse de los estados políticos creados por la colonia en los que se habían fundido fueron rechazados, a menudo de forma violenta. En su mayor parte, la ideología de la democracia y otras políticas occidentales permanecieron, a pesar de los formidables esfuerzos de los africanos antioccidentales por eliminar las influencias europeas.

Antes de explorar el alcance de esta influencia, la historia de la descolonización de África tiene una interesante historia de fondo.

El despertar

Son muchos los factores que contribuyeron a que los imperialistas europeos acabaran cediendo el poder en toda África, pero todo empezó por el puro agotamiento. Los nativos estaban cansados del dominio de las minorías y de que sus tierras, recursos minerales y mano de obra fueran explotados por extranjeros. La trata de esclavos había sido una experiencia horrible de la que no se habían recuperado del todo antes de que los imperialistas tomaran el control. Durante generaciones, los africanos habían sido maltratados y reclutados a la fuerza para participar en dos guerras mundiales que, en su mayoría, no tenían nada que ver con ellos.

Esto nos lleva a otro factor que provocó el auge de las ambiciones anticoloniales en toda África. Durante la Primera y la Segunda Guerra Mundial, los africanos se vieron obligados a unirse a los ejércitos de sus gobiernos coloniales. Se calcula que 2,5 millones de africanos participaron en las guerras mundiales como soldados de a pie, transportistas y sirvientes de campamentos militares. Los civiles también soportaron el peso de la guerra, especialmente la Primera Guerra Mundial. A pesar del origen y la ubicación de los principales frentes de guerra en Europa, muchas ofensivas tuvieron lugar en suelo africano. Esto causó la muerte de muchos civiles y soldados africanos. En la Segunda Guerra Mundial, los africanos fueron transportados a los frentes de guerra en Europa, donde experimentaron que la muerte no conocía color. La idea forzada de que sus amos coloniales eran invencibles se desvaneció en el campo de batalla cuando vieron a los soldados blancos enfrentarse y matarse entre sí.

Después de la Segunda Guerra Mundial, los veteranos africanos volvieron a casa, traumatizados por la guerra, pero envalentonados por la conciencia política. Esta experiencia fue similar a la de las élites africanas educadas. Pocos africanos tuvieron la suerte de viajar fuera de sus países de origen a Europa para recibir educación formal durante el periodo colonial. Su exposición despertó motivaciones nacionalistas.

La Carta Atlántica de 1941 justificó la demanda de independencia de los nacionalistas africanos. La carta se redactó durante la Segunda Guerra Mundial y fue una declaración de Estados Unidos y el Reino Unido sobre sus objetivos para la posguerra. En el momento de su elaboración, la Carta del Atlántico pretendía restablecer la paz y la estabilidad en un mundo devastado por la guerra. Una parte importante de esta carta era el acuerdo de permitir a todos los pueblos decidir su soberanía y, en última instancia, restaurar sus derechos de autogobierno.

Cuando las luchas independentistas se intensificaron en la década de 1950, el presidente estadounidense Franklin Delano Roosevelt recordó al gobierno británico la Carta del Atlántico. Reacio a desprenderse de sus colonias, el gobierno británico argumentó que con «todos los pueblos» se refería únicamente a los estados europeos. En respuesta, Estados Unidos insistió en que la cláusula se aplicaba a todos los pueblos, incluidos los africanos.

En 1960, la Asamblea General de las Naciones Unidas publicó una «Declaración sobre la concesión de la independencia a los países y pueblos coloniales». Esto supuso un gran impulso para la moral de los nacionalistas africanos y, a partir de ahí, el calendario de la liberación de África aumentó a toda velocidad.

Ganadores y perdedores

La ola independentista africana de los años 50 comenzó en Libia cuando el Reino Unido de Libia declaró al rey Idris como su líder constitucional. El país había sido anexionado a los imperios británico y francés tras la derrota de Italia en la Segunda Guerra Mundial. A pesar de la ruptura con el dominio colonial, el rey Idris era famoso por su cordial alianza con el Reino Unido y Estados Unidos. Esto siguió siendo la norma hasta que el famoso revolucionario político antioccidental Muamar el Gadafi derrocó al gobierno libio y fundó un nuevo orden. Gadafi contribuiría a la liberación de muchos otros países africanos en los años siguientes.

En 1956, Sudán, Túnez y Marruecos se unieron a la liga de naciones africanas independientes. Partes de estos países habían sido divididos y colonizados por Gran Bretaña, Francia y España durante la mayor parte de finales del siglo XIX y principios del XX. La República de Guinea fue la siguiente en obtener la independencia en octubre de 1958.

La década de 1960 fue el momento álgido de la descolonización de África. Solo en 1960, un total de diecisiete países africanos se liberaron del dominio colonial, como Nigeria, Senegal, Togo, Somalia, Níger, Burkina Faso, Malí, Congo, Camerún, Costa de Marfil, Mauritania y Gabón. Estos acontecimientos llevaron a la ONU a declarar la descolonización de todas las colonias africanas en diciembre de 1960, lo que favoreció la rápida independencia de otras regiones.

Burundi, Argelia y Ruanda se independizaron de Bélgica y Francia en 1962, mientras que Gran Bretaña perdió al menos nueve colonias más entre mediados y finales de la década de 1960. La línea de tiempo de la independencia se prolongó hasta la década de 1970, y el 18 de abril de 1980, la colonia británica de Rodesia (actual Zimbabue) obtuvo la independencia.

Para los colonizadores europeos, la era de la descolonización significó una importante pérdida de su control directo sobre el continente africano. Mientras estaban preocupados como beligerantes durante la Primera y la Segunda Guerra Mundial, sus colonias habían estallado en rebeliones más agresivas por parte de nativos decididos. La participación de los africanos en las guerras mundiales y la exposición de unos pocos a la educación occidental dieron más impulso al nacionalismo africano.

Como se descubrirá más adelante, las naciones europeas que habían perdido alguna de las dos guerras mundiales tuvieron que ceder sus colonias a los ganadores. Esta reorganización añadió otra capa de colonialismo en África. Ya era bastante malo que sus tierras se redujeran a ser propiedad de un país de Europa. Pero el hecho de pasar de un propietario a otro y el duro golpe de adaptarse a una nueva autoridad colonial como botín de guerra fue más de lo que podían soportar, alimentando el resentimiento.

Aunque gran parte de África era oficialmente independiente de las potencias coloniales a finales del siglo XX, las antiguas autoridades coloniales no habían desaparecido por completo del continente. De hecho, todavía existe la noción de neocolonialismo. Esta idea es que África nunca se ha liberado realmente del colonialismo y que, más que la independencia, lo que realmente ocurrió a mediados y finales del siglo XX fue una transición a la dependencia. Esto posiblemente sea cierto a la luz de la constante interferencia de los excolonizadores en los acontecimientos del África postindependiente.

Las naciones extranjeras se han involucrado en las elecciones africanas, han financiado a los beligerantes de la guerra civil y han mantenido bases militares en sus excolonias. Exploraremos este tema más adelante, pero baste decir que es discutible si África fue o no verdaderamente liberada.

Capítulo 3 - África y las guerras mundiales

La Primera Guerra Mundial

Para esta historia, nos remontamos a principios del siglo XX, cuando gran parte de África había sido reclamada por los imperialistas europeos. Recordarán que el «reparto de África» fue el resultado del deseo de casi todas las naciones europeas de convertirse en las más poderosas, tanto política como económicamente. También recordarán que la propia Europa había sido un escenario de conflictos y rivalidades políticas antes del descubrimiento de África.

Pues bien, corría el año 1914 y cierto archiduque austriaco, Francisco Fernando, y su esposa eran conducidos en su coche descapotable por una pequeña carretera de Sarajevo, Bosnia. Un serbio bosnio de diecinueve años salió de un café cercano y disparó dos veces con su pistola de bolsillo contra el archiduque y su esposa, matándolos casi al instante.

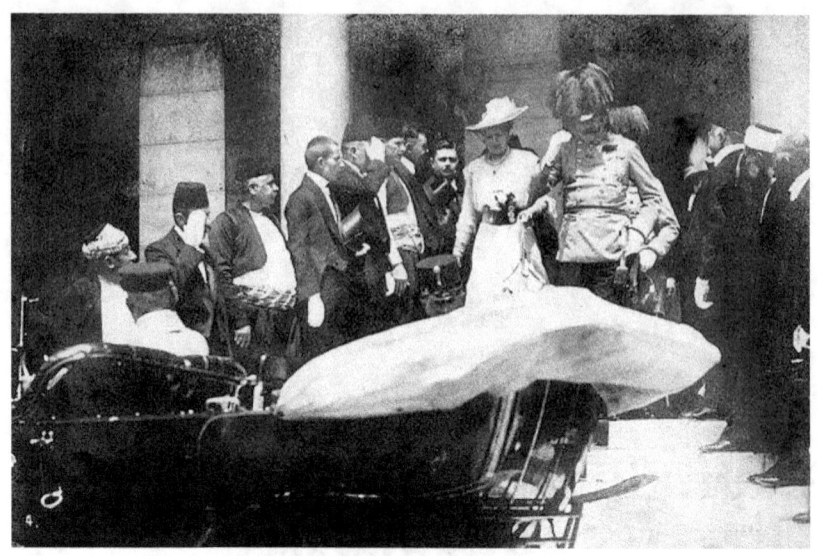

El archiduque austrohúngaro y su esposa en Sarajevo
Walter Tausch, CC BY-SA 3.0 <https://creativecommons.org/licenses/by-sa/3.0>, vía Wikimedia Commons;
https://commons.wikimedia.org/wiki/File:Postcard_for_the_assassination_of_Archduke_Franz_Ferdinand_in_Sarajevo.jpg

La muerte del archiduque Francisco Fernando, heredero del trono austrohúngaro, y de su esposa Sofía fue el preludio de la Primera Guerra Mundial, también conocida como la Gran Guerra. Austria-Hungría recibió la noticia de la muerte del archiduque. Finalmente, declaró la guerra a Serbia. Austria-Hungría deseaba una guerra con Serbia, y la muerte de Francisco Fernando le dio el pretexto perfecto para declarar la guerra.

Serbia consiguió la ayuda de Rusia, Francia y Gran Bretaña contra Austria-Hungría, Alemania y el Imperio otomano. Los aliados de los serbios pasaron a ser conocidos como las fuerzas aliadas (o la entente), y los aliados de Austro-Hungría fueron llamados las Potencias Centrales.

La Primera Guerra Mundial comenzó el 28 de julio de 1914, y ambos bandos lanzaron múltiples ofensivas en varios lugares, incluidas sus respectivas colonias en África.

África del Norte

En la fea estela de una guerra mundial, las estrategias estaban a la orden del día. Más allá de los asaltos directos y las ofensivas abiertas, tanto las Potencias Centrales como los Aliados desarrollaron y ejecutaron muchas campañas para debilitar a la oposición.

Las colonias africanas eran extensiones del poder político y económico en Europa. En consecuencia, las colonias africanas se convirtieron en objetivos. En 1914, Alemania y el Imperio otomano urdieron un complot para incitar levantamientos en las colonias británicas.

El objetivo se redujo a las zonas de la costa egipcia controladas por los británicos, y una determinada orden religiosa islámica conocida como los sanusíes parecía perfecta para el trabajo. Los sanusíes eran un grupo islámico originario de partes de Egipto y Libia. En un pasado no muy lejano, este grupo había hecho retroceder los intentos coloniales de Italia y se mantuvo independiente durante los años siguientes.

A pesar de ser una orden musulmana, los sanusíes no tenían ninguna enemistad con los colonialistas británicos, aunque estos ya se habían apoderado de partes del Egipto costero y las habían anexionado al Imperio británico. Conscientes de la relación entre los británicos y los sanusíes, las Potencias Centrales estaban convencidas de que lo único que haría falta para enturbiar las aguas era un ligero empujón.

El objetivo de las Potencias Centrales era utilizar a los sanusíes para desencadenar campañas insurreccionales en Egipto y desviar las tropas británicas del canal de Suez. El canal de Suez era una importante ruta comercial marítima en Egipto, y estaba bajo el control de Gran Bretaña en ese momento. Si las tropas británicas que ocupaban las zonas costeras a lo largo del canal de Suez eran eliminadas, las Potencias Centrales ganarían la partida.

En el verano de 1915, el líder supremo de los sanusíes, Ahmed Sharif as-Senussi (también conocido como el Gran Senussi), fue contactado por los alemanes y los turcos para que considerara la posibilidad de movilizar a los musulmanes reprimidos en Egipto para una yihad. También apelaron a las creencias anticoloniales del Gran Senussi e indicaron que los cristianos (los británicos) estaban oprimiendo a sus compañeros musulmanes.

El Gran Senussi se mostró reacio a ceder ante las Potencias Centrales, incluso después de que le suministraran tropas, ametralladoras, artillería y fondos para la guerra. Ese mismo año, el

Gran Senussi se vio obligado a actuar. Los británicos se enteraron de sus llamamientos a la yihad y dispersaron las fuerzas en algunas de las colonias egipcias.

La campaña sanusí, que duró desde noviembre de 1915 hasta febrero de 1917, tuvo como objetivo las zonas costeras ocupadas por los británicos en Egipto, especialmente Sollum, Baqbaq, Barani y Sidi. Los británicos se retiraron tras la primera tanda de ataques esporádicos contra las bases militares costeras, pero no se mantuvieron alejados por mucho tiempo.

El 25 de diciembre de 1915, el ejército británico se infiltró en un campamento sanusí y lo asaltó, lo que supuso una victoria británica decisiva. Le siguió una serie de victorias que les permitieron recuperar sus bases perdidas. Con la alianza del antiguo enemigo de los sanusíes, los italianos, la campaña de dos años de los sanusíes terminó con la victoria de Gran Bretaña e Italia. En 1917, los beligerantes sanusíes habían sido expulsados de las costas de Egipto y obligados a huir a los desiertos. Un tratado de paz del 12 de abril de 1917 puso fin a las hostilidades.

Los planes de Alemania y el Imperio otomano no salieron exactamente como estaban previstos. Del mismo modo, la perturbadora invasión alemana de la Angola portuguesa en 1915 se saldó con la victoria de Portugal tras muchas campañas ofensivas. Durante todo ello, los africanos de las regiones en guerra fueron reclutados a la fuerza para luchar del lado de su gobierno colonial. Se registraron cientos de miles de bajas nativas.

África Oriental

Cuando estalló la Primera Guerra Mundial, los gobiernos coloniales de África se comprometieron inicialmente a no agredir a los imperialistas rivales en suelo africano. Esto se debió a que era importante mantener la «paz», lo que significaba la continua represión colectiva de los nativos africanos. Este compromiso se había sellado oficialmente en el Acta del Congo de 1885.

Sin embargo, con el tiempo, África se convirtió en el escenario de múltiples campañas en lo que era principalmente una guerra europea. Los gobiernos coloniales no escatimaron hombres ni recursos en la guerra. África Oriental, un escenario a menudo olvidado de la Primera Guerra Mundial, fue un hervidero de múltiples acciones de guerrilla y de marchas desalentadoras a través de densas selvas, áridos desiertos y terrenos montañosos a costa de africanos mal alimentados y mal vestidos.

En agosto de 1914, un general del ejército imperial alemán llamado Paul von Lettow-Vorbeck ideó una estrategia para mantener el mayor número de tropas aliadas alejadas del Frente Occidental, que era uno de los principales escenarios de la Primera Guerra Mundial. Para ello, planeó desviar el mayor número posible de tropas aliadas a África y mantenerlas ocupadas durante el mayor tiempo posible.

Las colonias alemanas en África Oriental incluían Ruanda, Burundi y partes de Mozambique y Tanzania. A pesar de las órdenes del gobernador del África Oriental alemana de permanecer neutral en la guerra, Lettow-Vorbeck emprendió su elaborada campaña con sus tropas, unos 300 europeos y 2.500 africanos. Si bien las elocuentes palabras de Lettow-Vorbeck bastaron para convencer a algunos de los nativos de que se unieran al ejército alemán, la misión de Lettow-Vorbeck solo se cumpliría a medias a costa de sus incontables sufrimientos y penurias.

Mientras tanto, a Gran Bretaña siempre le preocupó la ambición desmedida de Alemania por adquirir más colonias. En respuesta al gran movimiento de Lettow-Vorbeck, los británicos reunieron a más de 100.000 hombres para enfrentarse a los 25.000 soldados alemanes.

Bélgica y Portugal, que habían querido mantenerse al margen de las hostilidades y proteger sus colonias, no podían seguir ignorando la amenaza alemana. Colectivamente, reunieron cuarenta mil soldados para unirse al ejército británico. La naturaleza de la campaña de África Oriental fue posiblemente peor que una afrenta estática abierta. Los alemanes reclutaron a unos 350.000 hombres, mujeres y niños africanos como cargadores durante la campaña. A estos cargadores se les encargó el traslado de maquinaria de guerra pesada, armas y municiones a través de arduos terrenos montañosos y fluviales que los vehículos de motor y los animales de carga no podían cruzar fácilmente. Los cargadores recorrieron muchos kilómetros bajo un sol abrasador y bajo la lluvia. Viajaban a través de selvas donde los animales salvajes suponían una gran amenaza. Estas tareas se llevaban a cabo sin remuneración, con raciones de comida muy escasas y sin medicinas si se enfermaban.

Tras un puñado de victorias iniciales, el gran plan de Lettow-Vorbeck para distraer a una gran columna de tropas británicas solo tuvo un éxito parcial. Parecía que los británicos nunca se quedaban sin tropas, lo que obligó a Lettow-Vorbeck a adoptar tácticas de guerrilla. A finales de 1914, los alemanes asaltaron posiciones militares británicas en el norte de Rodesia (ahora conocida como Zambia) y Kenia. La campaña de África Oriental se convirtió en un estancamiento a medida que pasaban los meses. Los territorios se recuperaron en 1916, cuando el general británico Jan Smuts dirigió las tropas de Sudáfrica para expulsar a los alemanes. Las tropas aliadas se acercaron a los alemanes, reforzadas por columnas procedentes del Congo Belga.

En diciembre de 1916, las tropas de Lettow-Vorbeck se dividieron en grupos aún más pequeños y emprendieron campañas de guerrilla en las regiones del sur del África Oriental alemana. El objetivo de las divisiones era no ser abatidas de golpe por las tropas enemigas. Sin embargo, pronto uno de los grupos fue capturado y obligado a rendirse. Para entonces, las tropas alemanas se estaban quedando sin alimentos, medicinas y otros suministros. Algunos de los hombres de Lettow-Vorbeck empezaron a desertar o a rendirse, pero Lettow-Vorbeck no se rindió hasta el final de la Primera Guerra Mundial.

Lettow-Vorbeck se rindió el 25 de noviembre de 1918, después de enterarse del armisticio, que había tenido lugar catorce días antes. El armisticio fue el acuerdo de Alemania con las fuerzas aliadas para cesar todas las hostilidades.

La guerra había terminado, pero no sin consecuencias desastrosas para los africanos, el personal militar y los civiles. Los aumentos de impuestos a los nativos para financiar la guerra, así como las requisas de tierras y alimentos los sumieron en la hambruna. El trastorno de sus vidas comunales por el reclutamiento forzoso en una «guerra de blancos» tardaría mucho tiempo en recuperarse.

Se calcula que unos 200.000 hombres, mujeres y niños de África Oriental perdieron la vida en la campaña, y otros miles perecieron a causa del hambre, la sequía y las enfermedades. Además, el trabajo de los africanos no fue apreciado ni recompensado por las autoridades coloniales.

África Occidental

Como Francia y Gran Bretaña eran las principales potencias colonizadoras de la región de África Occidental, decidieron atacar conjuntamente las colonias alemanas de Togo y Camerún en 1914. Estas dos colonias tenían una enorme importancia estratégica y económica para Alemania, y las potencias aliadas conspiraron para arrebatarlas al control alemán.

Al enterarse de sus planes, el gobierno alemán de África Occidental buscó una tregua pidiendo negociaciones. Los esfuerzos por conseguir que las fuerzas aliadas se unieran a la causa no tuvieron éxito, y la realidad de una ofensiva llegó a Alemania. Las tres potencias coloniales se volcaron en los nativos de sus colonias, provocando un frenesí de reclutamientos militares desordenados.

En el África Occidental Francesa se extendió la noticia entre los nativos de que el gobierno colonial estaba reclutando hombres africanos para luchar en una guerra que no tenía nada que ver con ellos. También se enteraron de que los hombres africanos, mal equipados, estaban siendo utilizados como cebo en el frente de guerra, donde eran asesinados como moscas. Un buen número de hombres que se consideraban objetivos probables de esta campaña de reclutamiento huyeron de sus hogares a las colonias vecinas. Esta oleada de huida se generalizó en Costa de Marfil, Dahomey y Guinea.

Los franceses, desesperados, saquearon las comunidades de sus colonias y secuestraron a los hombres africanos o los chantajearon encarcelando a sus familiares. Los jefes locales que se opusieron a ser utilizados para coaccionar a su pueblo para que se uniera al ejército francés sufrieron diversas formas de consecuencias, la menor de las cuales fue el encarcelamiento. Las autoridades coloniales francesas destruyeron las granjas y el ganado de algunos, y otros fueron depuestos y torturados. Los jefes obedientes que cumplían los objetivos de reclutamiento eran recompensados con dinero.

Mientras tanto, el África Occidental Británica creó dos regimientos militares: la Fuerza Fronteriza de África Occidental (WAFF) y el Regimiento de África Occidental en Sierra Leona. Las colonias británicas de Ghana, Sierra Leona, Gambia y Nigeria suministraron hombres africanos para el esfuerzo de guerra. La

WAFF, por ejemplo, contaba con unos 8.000 hombres al comienzo de la campaña, de los cuales más de 7.500 eran africanos. En Ghana (entonces llamada Costa de Oro), los reclutamientos tuvieron poco éxito, ya que muchos hombres africanos desertaron antes de que se los pudiera obligar a unirse al ejército. Los nigerianos y sierraleoneses no tuvieron tanta suerte. Se amenazó a los jefes locales para que suministraran hombres de sus comunidades, y se coaccionó a los jóvenes para que se casaran solo para poder ser reclutados en la guerra.

El África Occidental Británica acabó lanzando su campaña contra el África Occidental Alemana, combinando sus fuerzas con setenta mil soldados del WAFF. Entre ellos había una abrumadora mayoría de hombres nigerianos, la mayoría de los cuales fueron reclutados a la fuerza.

Las autoridades coloniales francesas fueron las que más hombres perdieron en las escaramuzas contra Alemania. En 1918 se habían perdido cincuenta mil hombres africanos, y sesenta y tres mil nuevos reclutas africanos fueron desplegados en los frentes de batalla de Camerún y Togo.

A pesar del desconocimiento del terreno y de las extremas condiciones climáticas, las campañas de Togo y Camerún se saldaron con una victoria aliada. Los soldados africanos fueron fundamentales para sortear los densos bosques y matorrales. También fueron utilizados como mano de obra barata por los gobiernos coloniales a los que representaban.

La Segunda Guerra Mundial

La Segunda Guerra Mundial enfrentó a los Aliados (Gran Bretaña, Estados Unidos, China y la Unión Soviética) con el Eje (Alemania, Italia y Japón).

África se vio arrastrada una vez más al conflicto a costa de más de un millón de nativos que sirvieron en diversas funciones. El voluntariado era el método de reclutamiento anunciado, pero los nativos sabían que no debían dejarse engañar de nuevo. Temían que se los llevara a los frentes de guerra en Europa y que ciertas regiones de África volvieran a sufrir como escenarios de una guerra extranjera.

El trasfondo de la Segunda Guerra Mundial, aunque polifacético, no fue muy diferente del de la Primera Guerra Mundial. Ambas se produjeron porque las naciones imperialistas buscaban ampliar territorios y erigirse como el país más poderoso del mundo.

Tras sufrir la derrota en la Primera Guerra Mundial, Alemania perdió muchas de sus colonias en favor de las naciones aliadas. Además de esta concesión, Alemania se vio obligada a aceptar la paz a su costa en la Conferencia de Paz de París de 1919, en la que los Aliados vencedores dictaron los términos del acuerdo. Durante esta conferencia, se impuso a Alemania el Tratado de Versalles, que sellaba la transferencia de sus antiguas colonias africanas a las fuerzas aliadas para su redistribución. También se impusieron otras sanciones. Por ejemplo, Alemania tuvo que desmovilizar su ejército y responsabilizarse de los daños causados por la guerra pagando unos cinco mil millones de dólares a los Aliados.

Posteriormente, Alemania no cumplió plenamente el acuerdo.

En 1933, bajo el mandato de Adolf Hitler, Alemania se desentendió de todas sus obligaciones. En lugar de ajustarse a los términos del Tratado de Versalles, la Alemania nazi se embarcó en una búsqueda radical de la dominación mundial. La invasión alemana de Polonia en septiembre de 1939 desencadenó otra oscura era de guerra en Europa.

El conflicto de Suez

El canal de Suez siempre había tenido una enorme importancia estratégica para las potencias imperiales. Era una vía de agua construida que permitía el transporte rápido y sin problemas de artículos comerciales, especialmente petróleo, desde los campos petrolíferos de África, a Europa sin tener que navegar por el difícil interior.

Cuando estalló la Segunda Guerra Mundial en 1939, el canal de Suez estaba bajo el control del gobierno británico. A pesar de la independencia de Egipto del Imperio británico, las tropas británicas seguían ocupando el canal de Suez para proteger los intereses de Gran Bretaña. Así, el canal de Suez se convirtió rápidamente en un objetivo de las Potencias del Eje. La serie de batallas que siguieron se denominó colectivamente campaña del Desierto Occidental (o del Norte de África).

Comenzó cuando las fuerzas del Eje invadieron Egipto desde Libia en 1940 después de que Benito Mussolini, el dictador de Italia, declarara la guerra a Gran Bretaña.

Gran Bretaña había atacado antes un fuerte llamado Capuzzo en una colonia italiana de Libia, y los italianos respondieron con una contraofensiva tres meses después. Egipto y Libia serían zonas propensas a bombardeos, disparos y explosiones.

Después de que los italianos capturaran Sidi Barrani, Egipto, durante la contraofensiva de septiembre de 1940, las tropas británicas contraatacaron asaltando un campamento italiano en Nibeiwa, Egipto. Este fue el primer enfrentamiento de la Operación Brújula.

Los británicos disfrutaron de una amplia racha de victorias en las siguientes ofensivas contra Italia en la Operación Brújula. Avanzaron hacia Libia, haciendo retroceder a las tropas italianas. El objetivo era expulsar tanto a Italia como a Alemania del norte de África, donde suponían una amenaza para el control británico sobre el canal de Suez.

Derrotados y agotados, los italianos estuvieron a punto de perder la campaña del norte de África en 1941. Las tornas cambiaron cuando Alemania envió refuerzos llamados Afrika Korps. Este contingente estaba dirigido por un notable comandante alemán que respondía al nombre de Erwin Rommel.

Rommel tenía fama en el ejército de ser un brillante estratega de guerra y un combatiente intrépido. Había ascendido en los rangos del ejército alemán y servía en el equipo de seguridad personal de Hitler. Su llegada a Libia coincidió con el periodo en el que los británicos, embriagados por la victoria, habían desviado sus tropas del norte de África al frente de guerra en Grecia.

Con Rommel a bordo, las tropas alemanas e italianas iniciaron un contraataque contra los británicos en marzo de 1941. Las fuerzas del Eje obtuvieron una gran cantidad de victorias, principalmente gracias al extraordinario liderazgo de Rommel. Este se ganó rápidamente el sobrenombre de "«zorro del desierto»" por sus audaces y casi temerarias ofensivas en los terrenos más difíciles de los desiertos del norte de África.

Incluso cuando el terreno dificultaba el suministro de alimentos y armas a las tropas alemanas, Rommel dirigió sangrientos ataques contra los británicos y los persiguió hasta Sollum, situado en la frontera entre Egipto y Libia. Sin embargo, a los alemanes y a Rommel se les acabaron las victorias en agosto de 1942, cuando el gobierno británico nombró a Bernard Law Montgomery comandante del ejército británico.

Montgomery condujo a las tropas británicas a la victoria en la segunda batalla de El Alamein en octubre de 1942. Se estima que treinta mil soldados del Eje fueron capturados como prisioneros de guerra. La moral de las tropas aliadas se reavivó con este combate y, en la última vuelta de la campaña, las fuerzas aliadas ganaron.

La Operación Antorcha, como se denominó, selló la victoria de las fuerzas aliadas. Los Estados Unidos enviaron tropas para luchar con el ejército británico en ofensivas simultáneas en Libia y partes del norte de África francés.

La victoria de las fuerzas aliadas en la Operación Antorcha eliminó las amenazas italianas y alemanas al canal de Suez y dio nuevas esperanzas de victoria en las siguientes campañas de la Segunda Guerra Mundial.

Conclusión

Los ejércitos de todos los frentes de guerra de África y de algunas partes de Europa en la Segunda Guerra Mundial se nutrieron del servicio militar obligatorio. Tan traumática y perturbadora como había sido la Primera Guerra Mundial, las autoridades coloniales procedieron a reclutar e imponer trabajos forzados a los africanos para la segunda ronda de combates. Peor aún, los africanos reclutados que sacrificaron sus vidas en la Primera y la Segunda Guerra Mundial fueron maltratados en los campos militares.

A pesar de luchar para las autoridades coloniales, los soldados blancos trataban a los negros con desprecio racista. Sus raciones de comida eran diferentes, sus uniformes y armas eran de peor calidad y, en algunos casos, a los soldados africanos no se les permitía marchar junto a los soldados blancos.

En las campañas en suelo africano, los europeos conducían a las tropas africanas a través de densos bosques y selvas en lugar de rutas regulares para disuadir a los africanos de desertar. Los que eran trasladados a Europa no podían escapar fácilmente del campo de batalla, ya que se encontraban en una tierra desconocida.

La muerte de los millones de soldados, cargadores, sirvientes de campamento y portadores de armaduras africanos en la Primera y Segunda Guerra Mundial aún permanece en gran medida sin reconocer.

Capítulo 4 - Guerras civiles y genocidio

Uno de los temas de mediados del siglo XX fue la tendencia de las colonias europeas a independizarse de sus señores. Tras superar la era de explotación del dominio colonial, las élites y los intelectuales africanos comenzaron a organizarse en grupos para exigir la independencia.

Por desgracia, su independencia no marcó el inicio de la existencia utópica que muchos habían imaginado. Si recuerdan, en el último capítulo se hizo hincapié en que, durante la partición de África, los colonialistas reestructuraron las comunidades geopolíticas fusionándolas para facilitar la administración. Sin embargo, no se tuvieron en cuenta las diferencias étnicas y/o tribales. Estas diferencias continuarían mucho tiempo después de la independencia de las antiguas colonias, y una serie de sangrientas guerras civiles estallarían entre los grupos que habían sido obligados a existir como uno solo.

La guerra civil nigeriana (1967-1970)

El inicio

Cuando Frederick Lugard supuestamente «se levantó, tomó una taza de té y decidió fusionar los protectorados del Norte y del Sur de Nigeria en uno solo», las diferencias entre los numerosos grupos étnicos de los protectorados y sus incompatibilidades culturales eran la menor de sus preocupaciones. El gobierno británico le había encargado la administración colonial de la región, y su trabajo consistía en coordinar los asuntos de la vasta zona como uno solo.

Nigeria nació tras la fusión (o amalgama) de Lugard en 1914, y tres grandes grupos étnicos se encontraron dentro del mismo país: los hausa-fulani, los igbo y los yoruba. Otros grupos más pequeños existían como parte de la Nueva Nigeria, pero estos tres eran los más grandes. Los igbo y los yoruba formaban parte del sur de Nigeria, y los hausa-fulani tenían el norte. Más tarde, el sur se subdividió en el suroeste para los yoruba y el sureste para los igbo.

Las consecuencias de la decisión de Lugard se ignoraron en un principio para los nativos africanos. Habían visto sus vidas totalmente perturbadas durante la época de la trata de esclavos, por lo que la era del colonialismo parecía más suave. Sin embargo, con el tiempo, la desarmonía inherente que había existido entre ellos mucho antes de que se vieran obligados a coexistir comenzó a sacar su fea cabeza.

Nigeria se independizó de Gran Bretaña el 1 de octubre de 1960, gracias al frente unido de todos los grupos étnicos para librar a su tierra de los imperialistas. Sin embargo, solo siete años después de la independencia de Nigeria, las tensiones étnicas volvieron a estallar.

El primer presidente de Nigeria fue Nnamdi Azikiwe. Administró el país con el primer ministro Tafawa Balewa. En la mañana del 15 de enero de 1966, un sangriento golpe de estado sacudió la escena política nigeriana y sustituyó el gobierno civil por un régimen militar.

El golpe de enero de 1966 fue ejecutado por cinco mayores del ejército nigeriano, y se saldó con la muerte del primer ministro Tafawa Balewa, el primer ministro del norte de Nigeria, Ahmadu Bello, el primer ministro del sur de Nigeria, Ladoke Akintola, y el ministro de Finanzas, Festus Okotie-Eboh. El presidente Nnamdi Azikiwe estaba fuera del país en viaje oficial en ese momento y por lo tanto se libró del golpe.

La motivación del golpe, según los conspiradores, fue la corrupción del gobierno nigeriano y el ostentoso estilo de vida de los principales funcionarios, que se produjo a expensas de las masas. Sin embargo, los golpistas eran todos hombres igbo, y su justificación fue rechazada por las demás tribus étnicas como una fachada de sus intenciones tribales. Las víctimas del golpe fueron en su mayoría hausas y yorubas, y a otros les pareció extraño que el presidente Azikiwe, un hombre igbo, hubiera sido excluido de la violencia. Sí, el presidente estaba fuera del país en viaje oficial cuando se ejecutó el golpe, pero sigue siendo ampliamente debatido si había sido avisado de antemano o no.

El momento en que se produjo el golpe, el número de víctimas y la aparición del general de división Johnson Aguiyi-Ironsi (también igbo) como nuevo jefe de Estado tras el golpe hicieron que los hausa-fulani y los yorubas sospecharan aún más. En julio de 1966, el coronel Murtala Mohammed encabezó un contragolpe. Este golpe de Estado desalojó a Aguiyi-Ironsi del poder, y el general Yakubu Gowon pasó a sustituirlo. Este contragolpe asesino fue una respuesta al golpe de enero y una afrenta a los igbos. Otras motivaciones fueron los rumores sobre el dominio de los igbos en el ejército nigeriano y la muestra de fanatismo étnico del general Aguiyi-Ironsi al negarse a perseguir a los golpistas de enero.

Aparte de la inestabilidad política provocada por el contragolpe, el nuevo gobierno militar marcó un periodo de aumento de los ataques a la población igbo. Los norteños los describieron como «alimañas» y «perros que hay que matar», y formaron pogromos anti-Igbo. Los igbos que vivían en el norte de Nigeria fueron exterminados, y los pocos que escaparon a otras partes del país tampoco estuvieron a salvo.

El número de muertes de civiles y militares igbo ascendió a treinta mil en septiembre de 1966. En un día histórico de 1967, los igbos se unieron en torno a un hombre para declarar una nación independiente.

La guerra civil

«Habiendo recibido el mandato de proclamar en su nombre y representación que Nigeria Oriental es una República soberana e independiente, yo, el teniente coronel Chukwuemeka Odumegwu-Ojukwu, gobernador militar de Nigeria Oriental, por la autoridad y de acuerdo con los principios arriba mencionados, proclamo solemnemente que el territorio y la región conocidos y denominados Nigeria Oriental, junto con su plataforma continental y sus aguas territoriales, serán a partir de ahora un estado soberano independiente con el nombre y el título de República de Biafra».

Este anuncio, realizado por el teniente coronel Ojukwu el 30 de mayo de 1967, fue el punto culminante de un año de maltrato y ataques genocidas contra los igbos. Antes de la decisión de separarse de Nigeria, los igbos, representados por su gobernador, Chukwuemeka Ojukwu, habían intentado negociar con el gobierno dirigido por Yakubu Gowon.

Un esfuerzo diplomático notable fue el Acuerdo de Aburi de enero de 1967, en el que el gobierno nigeriano aceptó que el país funcionara como una confederación flexible. Esto significaba que cada estado del país podía ejercer su soberanía sin la interferencia del gobierno federal. Sin embargo, tras la reunión, el gobierno nigeriano tardó en cumplir la resolución.

En su lugar, Yakubu Gowon decidió dividir Nigeria en doce estados, aislando aún más a los igbos de otras regiones del este. Esto fue interpretado por Ojukwu y su gente como un intento deliberado de limitar su control sobre sus vecinos del este, ricos en petróleo, y un incumplimiento del Acuerdo de Aburi.

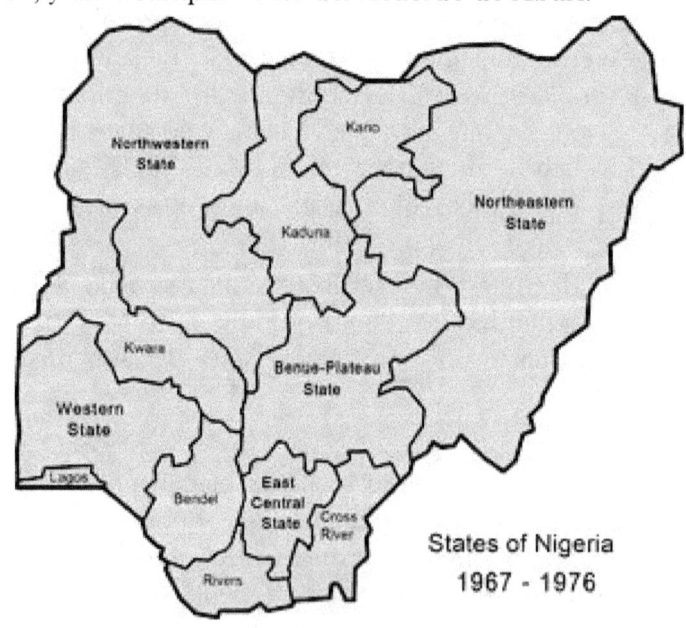

La ruptura de los estados nigerianos

Nigeria_states-1976-1987.png: *Nigeria_states_1987-1991.png: trabajo autoderivado: Bejnar (talk) obra derivada: Bejnar, CC BY-SA 3.0 <http://creativecommons.org/licenses/by-sa/3.0/>, vía Wikimedia Commons; https://commons.wikimedia.org/wiki/File:Nigeria_states-1967-1976.png

El gobierno federal nigeriano recibió la noticia de la creación de un estado igbo independiente, Biafra, e inmediatamente entró en acción para frenar la secesión. En primer lugar, se prohibieron todos los envíos de suministros a Biafra y se lanzó una ofensiva contra los igbos.

Tras dar el primer paso en lo que se convirtió en una guerra total, el gobierno nigeriano solicitó y obtuvo apoyo internacional. Los biafranos estaban escasos de armas y municiones, pero eso se convirtió rápidamente en el menor de sus problemas. El gobierno nigeriano les bloqueó el acceso a los alimentos y al petróleo, que podrían haber servido para generar fondos para la guerra, colocando a los biafranos en una temprana desventaja.

El gobierno nigeriano estaba convencido de que con las medidas proactivas que se habían tomado, la guerra se desvanecería tan abruptamente como había comenzado. Los igbos tomaron a Nigeria y al mundo por sorpresa cuando buscaron el apoyo de países extranjeros en lugar de rendirse. Mientras que el Reino Unido, la Unión Soviética y una serie de poderosos países africanos se pusieron abiertamente del lado de Nigeria contra Biafra, China, Alemania Occidental, España, Portugal, Francia y otros países africanos prestaron armas y un supuesto apoyo a Biafra. Estados Unidos adoptó una postura neutral que muchos interpretaron como un apoyo a Nigeria.

La guerra civil nigeriana avanzó con ofensivas y contraofensivas, con el resultado de numerosas bajas en ambos bandos. Un año después del inicio de la guerra, el gobierno nigeriano cambió de estrategia. Tras una ofensiva final en junio de 1968, el gobierno bloqueó todos los puertos y acordonó las rutas que conducían al interior de Biafra. La población civil de Biafra empezó a padecer hambre y malnutrición.

Se trataba de una estrategia de guerra poco ética, pero el gobierno nigeriano no se detuvo. Miles de igbos murieron debido a la extrema hambruna y a las frecuentes incursiones genocidas del ejército nigeriano. Las mujeres fueron violadas y asesinadas sin piedad. Los niños no se libraron de la violencia.

La ayuda humanitaria fue recaudada por grupos interesados y sociedades misioneras. Se enviaron paquetes de ayuda a Biafra por vía aérea, pero a menudo no llegaron a sus destinatarios. Se hicieron varias críticas contra el gobierno nigeriano por su violación de los derechos humanos, pero esto no afectó a la fuerza del sistema de apoyo internacional de Nigeria. Como último recurso, Biafra reclutó mercenarios para terminar la guerra, y el gobierno nigeriano hizo lo mismo para reforzar las tropas nigerianas.

Con el creciente número de muertes causadas por el hambre y las enfermedades provocadas por la inanición en Biafra, la guerra no podía prolongarse más. Miles de igbos morían o eran asesinados cada día, y Biafra había incurrido en grandes gastos para financiar la guerra. El 15 de enero de 1970, la guerra civil nigeriana terminó con la victoria de Nigeria y la disolución de la República de Biafra. El teniente coronel Ojukwu y sus colaboradores huyeron a Costa de Marfil, y Biafra se reintegró a Nigeria.

La guerra civil nigeriana ha sido calificada de genocidio, teniendo en cuenta que los civiles igbo desarmados fueron el principal objetivo. Esta atrocidad contra hombres, mujeres y niños sigue sin ser contabilizada, a pesar de que se desarrolló a la vista de todo el mundo. El gobierno nigeriano no ha presentado una disculpa formal y nadie ha sido castigado por los asesinatos.

Históricamente, la guerra civil nigeriana es un acontecimiento destacado en la historia de África, ya que afectó al país más poblado del continente.

Somalia contra Etiopía

Los orígenes

Las tensiones entre Somalia y Etiopía se originaron a finales de la década de 1940 debido a conflictos étnicos y religiosos. Los dos países eran vecinos desde el siglo V, pero no eran muy amigos el uno del otro. Siempre hubo conflictos sobre qué país poseía una tierra fronteriza y otras cuestiones.

Tras la unificación de la Somalilandia británica y la antigua Somalilandia italiana para formar la República de Somalia en 1960, Etiopía no parecía dispuesta a desprenderse de la parte de Somalilandia en su imperio. Estallaron revueltas contra el imperio etíope por parte de somalíes que querían unirse a la nueva Somalia independiente.

Etiopía nunca se había sentido como un hogar para los somalíes. No solo se les había impuesto el cristianismo durante generaciones, sino que la cultura etíope estaba muy lejos de sus normas aceptables. Habían sido anexionados a Etiopía durante el azote del dominio colonial, pero con la declaración de la República de Somalia, los somalíes de Etiopía protestaron por la libertad.

El emperador de Etiopía de la época, Haile Selassie, se negó rotundamente a dejar la región somalí en su imperio. Sobre todo, en Ogaden, se levantaron insurrecciones contra el gobierno etíope, y el emperador ordenó reprimir violentamente la rebelión. Esta respuesta no hizo más que avivar las llamas del conflicto. El recién surgido gobierno somalí se vio provocado por los malos tratos a sus compatriotas en Etiopía y reunió sus limitados recursos para desafiar al gobierno etíope.

Guerra y consecuencias

En febrero de 1964, las tropas de la República de Somalia marcharon contra Etiopía y asaltaron puestos de policía en algunas ciudades fronterizas estratégicas. La abrumadora respuesta del gobierno etíope, que envió tanques blindados, aviones, artillería e infantería, obligó a las fuerzas somalíes a retirarse dos meses después.

Esta breve guerra se conoce como la guerra fronteriza etíope-somalí de 1964, y fue la primera de muchas.

La guerra de Ogaden estalló trece años después. Esta vez, los bandos contarían con el apoyo de múltiples beligerantes, incluidos Estados Unidos y la Unión Soviética. Antes de que estallara la guerra de Ogaden en 1977, la Unión Soviética cambió de bando. Antes de la guerra, la Unión Soviética había apoyado a Somalia como república unificada, mientras que el historial de relaciones de Etiopía con Gran Bretaña permitía una relación cordial.

Mientras Etiopía se enfrentaba a rebeliones internas en la década de 1970 (un patrón inevitable en la construcción de un imperio), Somalia reponía sus agotadas reservas. Los somalíes de Ogaden no querían otra cosa que separarse completamente de Etiopía, pero las cosas no eran tan sencillas.

Los británicos prácticamente habían entregado Ogaden a Etiopía en la década de 1940 sin tener en cuenta la imposición cultural y religiosa que los somalíes de Ogaden iban a sufrir. Los descontentos somalíes de Ogaden debían estar esperanzados cuando el emperador etíope fue derrocado por el Derg, un consejo militar. El Derg se vio envuelto en un conflicto interno sobre quién debía ocupar el puesto de emperador, y era solo cuestión de tiempo que se levantaran focos de rebelión de otros grupos, que lo hicieron entre 1974 y 1975.

Una facción pro somalí llamada Frente de Liberación de Somalia Occidental saltó al frente de la rebelión, aprovechando la situación en Etiopía provocada por el vacío de liderazgo. Mientras tanto, a raíz de 1977, la coalición del Derg dio lugar a un nuevo sistema político etíope dirigido por el jefe de Estado, Mengistu Haile Mariam. Este sustituiría a la monarquía imperial.

Cuando se supo que Somalia estaba planeando un ataque más coordinado contra Etiopía, la Unión Soviética se puso en contacto con el presidente Siad Barre de Somalia y le sugirió soluciones más diplomáticas al conflicto. Sin embargo, Somalia estaba interesada en sustraer Ogaden y otras regiones somalíes del control etíope.

La Unión Soviética se sintió ofendida al ser ignorada por Somalia y retiró todo el apoyo, redirigiéndolo a Etiopía en su lugar. Países comunistas como Cuba, Corea del Norte, Alemania, Yemen del Sur y Cuba también se alinearon con Etiopía. China, rival de la Unión Soviética, apoyó a Somalia, al igual que Estados Unidos, que en ese momento estaba en guerra fría con la Unión Soviética. Las naciones que apoyaban al país donaron tropas, fondos y otros recursos militares a su bando favorecido.

La primera ofensiva contra Etiopía tuvo lugar en julio de 1977. Fue una victoria para Somalia, pero sería una de las últimas. El superior arsenal bélico de Etiopía y su constante oleada de ataques aéreos contra Somalia diezmaron los recursos militares de esta última.

La guerra terminó con la embestida final que infligió miles de bajas somalíes y obligó al presidente Siad Barre a ordenar la retirada. Las fuerzas etíopes y cubanas hicieron estragos en las fuerzas somalíes y diezmaron a la población civil en una serie de asesinatos, envenenamientos y violaciones.

Los numerosos grupos de liberación pro somalíes fueron desintegrados. Los refugiados acudieron a Somalia desde Ogaden después de la guerra, lo que provocó que el presidente Barre tuviera un nuevo dilema en sus manos. Al haber agotado los recursos de Somalia durante la guerra, el país pasó a depender en gran medida de la ayuda exterior. A pesar de la grave situación, Barre destinó una parte de los recursos del país a la numerosa población de refugiados de Ogaden. Esto molestó a los clanes nativos de Somalia, que se manifestaron en contra del favoritismo de Barre.

Con el tiempo, los refugiados se volvieron rebeldes. Somalia estallaría en una guerra civil de larga duración a principios de la década de 1990. Antes, en 1982, tuvo lugar otra guerra fronteriza con Etiopía, en la que este país dirigió a quince mil hombres a la ofensiva. Aunque los cincuenta mil soldados somalíes los superaban en número por un amplio margen, estaban mal equipados y atacaron por sorpresa.

Las tropas somalíes no tenían ninguna posibilidad contra los tanques T-55 y los cazas MIG de Etiopía, pero los etíopes no fueron la gota que colmó el vaso. La guerra civil somalí de 1991 fue lo que le costó a Barre su ejército y su puesto como jefe de Estado. Etiopía se quedó al margen del conflicto y la guerra civil somalí pasó a ser el centro de atención, prolongándose durante décadas. En el momento de escribir este artículo, la guerra civil sigue en curso.

Las guerras civiles de Chad, Angola y Costa de Marfil

Por lo general, las guerras civiles comienzan debido a un inmenso descontento con el gobierno. Ciertos grupos actúan para expresar su animosidad, lo que acaba convirtiéndose en guerras a gran escala que causan miles y, en algunos casos, millones de muertos.

A mediados del siglo pasado se produjeron levantamientos en casi toda África, y los más desfavorecidos de todos fueron los civiles, reducidos esencialmente a ser botín de guerra.

En este segmento, la guerra civil de Chad tiene el primer protagonismo. Un total de cuatro guerras civiles asolaron este país del centro-norte de África, la última de las cuales continúa en el momento de escribir este artículo.

La guerra civil de Chad

La primera guerra civil chadiana tuvo lugar en 1965, poco después de que el país se independizara del dominio colonial francés en agosto de 1960.

Tras la renuncia de Francia al poder político, un chadiano de ascendencia sara llamado François Tombalbaye se convirtió en el primer presidente del Chad independiente. Años antes de su nombramiento, Tombalbaye fue profesor bajo el dominio colonial francés. Más tarde, se incorporó a la política partidista como sindicalista. Derrocó a Gabriel Lisette como líder del Partido Progresista Chadiano y se convirtió en el presidente de Chad durante la transición a la independencia del país.

Antes de entrar en los detalles de la presidencia de Tombalbaye, es imprescindible comprender la estructura de Chad tras su independencia. Al igual que otros países africanos, Chad se creó mediante la fusión de diversos grupos étnicos del centro-norte de África, tanto cristianos como musulmanes, para facilitar la administración colonial. Tras la lucha por la independencia, el país contaba con el norte musulmán y el sur cristiano.

Durante la candidatura de Tombalbaye, consiguió el apoyo de los progresistas del sur y del norte, excluyendo a las facciones islámicas más radicales. Sin embargo, en los años siguientes, Tombalbaye se embarcó en una racha dictatorial radical que cortó sus apoyos en el norte e incluso en el sur. Su siguiente objetivo fueron los partidos de la oposición. Tombalbaye disolvió todos los demás partidos políticos y declaró el Chad como un sistema político de partido único. También eliminó la Asamblea Nacional y depuró la administración pública de todos los opositores. Para financiar su administración autocrática, Tombalbaye impuso fuertes impuestos al pueblo de Chad, al tiempo que hacía gala de una flagrante exuberancia.

El pueblo oprimido de Chad comenzó a protestar contra el gobierno de François Tombalbaye, lo que llevó a la formación del Frente de Liberación Nacional de Chad, o FROLINAT para abreviar. Este grupo declaró la guerra al gobierno de Tombalbaye, y comenzó la guerra civil en Chad. El FROLINAT reclutó soldados en masa y los hizo entrenar en Corea del Norte para la guerra.

Los miembros del FROLINAT se rebelaron mediante acciones de huelga, asaltos abiertos y planes de asesinato dirigidos a funcionarios del gobierno. Libia prestó ayuda militar al FROLINAT, especialmente cuando Muamar el Gadafi subió al poder. En 1968, Tombalbaye solicitó la ayuda de Francia para sofocar la creciente rebelión. Esto se ajustaba a un pacto de defensa mutua que Francia tenía con Chad desde que era una antigua colonia. Francia había acordado prestar ayuda militar siempre que se le solicitara. La intervención de Francia culminó con la muerte de Ibrahim Abacha, uno de los principales líderes del FROLINAT.

El gobierno chadiano derrotó a los rebeldes en las batallas que siguieron, pero los rebeldes no cedieron. Cuando Tombalbaye se presentó sin oposición a las elecciones presidenciales de 1969, los rebeldes se inclinaron aún más por el uso de la violencia. Las zonas rurales y el campo de Chad se convirtieron en bastiones rebeldes, y el ejército chadiano no pudo penetrar en ellos.

A pesar del continuo apoyo de Francia para hacer frente a los rebeldes, la administración de Tombalbaye comenzó a desmoronarse poco después de su reelección. Había perdido la confianza de los grupos progresistas que habían hecho posible su ascenso al poder. Y lo que es peor, los ciudadanos lo odiaban por su política represiva.

En 1972, las arcas chadianas que Tombalbaye había utilizado para financiar su elaborado gobierno estaban casi vacías. Buscó desesperadamente la ayuda de Libia, que había apoyado al FROLINAT al principio de la guerra. Sus relaciones con los grupos terroristas libios repelieron a los militares chadianos, que también se vieron constantemente perturbados por los caprichosos ascensos y descensos de Tombalbaye. Detuvo a su antojo a militares de alto rango y los encarceló por presunto amotinamiento.

Mientras tanto, la influencia del FROLINAT había empezado a disminuir debido a los conflictos internos, pero los rebeldes seguían teniendo un enemigo común en Tombalbaye. Provocado por su falta de respeto, el ejército chadiano se sumó rápidamente a la lista de enemigos de Tombalbaye.

El 13 de abril de 1975, la residencia presidencial de Tombalbaye en Yamena, la capital de Chad, fue testigo de un sangriento golpe de estado. Tombalbaye fue asesinado a tiros por hombres del ejército chadiano agredido. Al conocer la noticia de su muerte, la capital estalló en júbilo. El pueblo salió a las calles para celebrar la muerte de un tirano.

El siguiente presidente de Chad, el general Félix Malloum, no provocó muchos cambios. Los rebeldes, especialmente las facciones musulmanas, no lo veían diferente del anterior presidente. Dimitió en 1979, cuatro años después de su nombramiento, y un gobierno de transición tomó el relevo durante los tres años siguientes.

Sin embargo, Chad siguió siendo un escenario de interminables disturbios civiles entre los musulmanes del norte y los cristianos subsaharianos del sur. La guerra civil chadiana más reciente comenzó en 2016, con la incursión de un grupo rebelde de la coalición en partes del norte de Chad. En el momento de redactar este informe, todavía está en curso. Desde la década de 1960, la manzana de la discordia no ha cambiado; se desconoce si los dos bandos superarán alguna vez su arraigada rivalidad étnica y religiosa.

La guerra civil de Angola

En la época en que el dictador chadiano François Tombalbaye fue derrocado y asesinado, se estaban produciendo cambios masivos en otra zona costera de África Central.

En 1975, Angola, uno de los primeros países de África en ser colonizados por los portugueses, se tambaleaba bajo la dictadura de Marcelo Caetano, primer ministro de Portugal. Teniendo en cuenta la tendencia de las luchas independentistas que recorría África en aquella época, era inevitable que algunos angoleños comenzaran a agitar la independencia.

Tres grupos de liberación lideraron la lucha por la independencia en Angola: el Movimiento Popular para la Liberación de Angola (MPLA), el Frente Nacional para la Liberación de Angola (FNLA) y la Unión Nacional para la Independencia Total de Angola (UNITA). Estos grupos surgieron en diferentes partes del país, pero tenían un objetivo común, hasta que Angola se independizó de Portugal el 11 de noviembre de 1975.

El traspaso fue abrupto, provocado por un golpe de estado incruento en Portugal que apartó al primer ministro del poder y provocó la distracción momentánea del gobierno colonial. Pero mientras luchaban por liberarse del control de Portugal, parecía que Angola no tenía una idea real de cómo avanzar como un frente unido.

Angola entró rápidamente en una guerra civil, en la que los tres principales grupos de liberación se convirtieron en beligerantes en una lucha de poder. Las raíces de esta guerra fueron los enfrentamientos étnicos e ideológicos entre grupos obligados a vivir como uno solo durante el dominio colonial.

Por ejemplo, el MPLA tenía su base en las zonas urbanas de Angola, y sus miembros tenían un programa más nacionalista para Angola. El FNLA, en cambio, no quería una Angola unida. Los miembros del FNLA eran nativos del antiguo Reino del Congo, en el norte de Angola, que había sido integrado a la fuerza en la colonia angoleña durante la partición de África. Durante y después de la lucha por la independencia, los miembros del FNLA, con base en las zonas rurales, fueron claros en sus reivindicaciones para que el antiguo reino volviera a ser lo que era, lo que significa que no podían aceptar el programa de unificación del MPLA. El tercer grupo, UNITA, estaba formado en su mayoría por la etnia rural Ovimbundu y compartía una postura similar con el FNLA. Los dos grupos rurales militantes no podían soportar al MPLA comunista urbano, y mucho menos compartir un país independiente con ellos.

Otro aspecto singular de la guerra civil angoleña fue que había comenzado oficialmente antes de que Angola alcanzara la independencia. Según fuentes históricas, los tres grupos de liberación habían suspendido temporalmente sus diferencias durante la lucha por la independencia, pero su alianza no estaba hecha para durar. Con la repentina transición del poder a una Angola independiente, los portugueses no dejaron ninguna estructura en su lugar, y ninguno de los grupos de liberación quedó directamente al mando.

A partir de ahí todo fue cuesta abajo.

En vísperas de la independencia de Angola, el MPLA tomó Luanda, la capital, e instaló a su líder, Agostinho Neto, como primer presidente de Angola. En su primer acto como presidente, Neto declaró que Angola era un estado unipartidista, pero esto solo enfureció aún más al FNLA y a la UNITA.

Los grupos beligerantes consideraron vital buscar ayuda extranjera para financiar sus guerras. Angola sufrió una temprana crisis económica, en parte como resultado de la explotación colonial y en parte porque los grupos de liberación casi agotaron las reservas de petróleo y diamantes de Angola para financiar su conflicto.

Cuba y la Unión Soviética se aliaron con el MPLA, mientras que Estados Unidos y Sudáfrica apoyaron al FNLA y a la UNITA, respectivamente. El FNLA perdió su posición en la batalla, y la UNITA se convirtió en la principal oposición del MPLA. En los años anteriores a 1980, el MPLA gozó del reconocimiento de la Organización de la Unidad Africana (OUA), la Unión Soviética y Cuba. La UNITA mantuvo el apoyo de Sudáfrica y, tras el colapso del FNLA, de Estados Unidos.

El papel de Estados Unidos y la Unión Soviética en la crisis angoleña se ha descrito como una extensión de su conflicto de la Guerra Fría. La Unión Soviética era el líder del bloque comunista cuyos intereses se alineaban con los valores del partido del MPLA. Estados Unidos apoyó al FNLA y posteriormente a la UNITA contra los comunistas.

El presidente Neto pasó los dos años de su mandato presidencial sofocando interminables levantamientos y golpes de estado. Aunque el MPLA era reconocido por la comunidad internacional como la autoridad legítima angoleña, los ciudadanos de Angola eran partidarios de UNITA. Esta desunión fue un propulsor devastador que avivó las llamas de la guerra civil. Tras la muerte de Neto de cáncer de páncreas en 1979, el MPLA instaló rápidamente una administración provisional que facilitó la elección de José Eduardo dos Santos como segundo presidente de Angola. Dos Santos se mantendría en el poder desde 1979 hasta 2017, convirtiéndose en uno de los presidentes más longevos de África.

En junio de 1989 tuvo lugar una negociación de alto el fuego entre dos Santos, del MPLA, y Jonas Savimbi, de la UNITA. Sin embargo, se rompió tras apenas dos meses. La guerra se prolongó hasta 2002, cuando Jonas Savimbi fue asesinado por las tropas gubernamentales. La guerra civil angoleña fue una serie de acontecimientos perturbadores que provocaron el desplazamiento de millones de angoleños, el reclutamiento forzoso de niños, el matrimonio infantil y las migraciones masivas de zonas rurales seleccionadas. Las minas terrestres y las bombas diezmaron a la población civil en un número asombroso, sin ninguna reparación ni apoyo para las familias afectadas.

La guerra civil angoleña representa un periodo oscuro. Angola sigue lidiando con las secuelas, y la insurgencia está lejos de permanecer al pasado.

La guerra civil de Costa de Marfil

Félix Houphouët-Boigny no era un dictador al uso. A diferencia del típico odio y asco que muchos dictadores despiertan en los corazones de sus súbditos, el pueblo de Costa de Marfil respetaba y adoraba a Boigny. Sin duda, dirigía de forma muy estricta, pero no se excedía en la violencia.

Boigny, quizás el único dictador que se «ganó» a la oposición con ingenio político y pragmatismo, fue presidente desde el año de la independencia de Costa de Marfil, en 1960, hasta su muerte en 1993. Fue reelegido cuatro veces, todas ellas sin oposición, y su pueblo lo llamaba cariñosamente «papá Houphouët».

El genio político y el carisma de Boigny llevaron a Costa de Marfil a prosperar económicamente en medio de la abyecta pobreza en la que vivían otros países africanos tras su independencia. Su idea de desarrollar la economía agraria de Costa de Marfil impulsó los ingresos del país a través de la exportación de cacao, café y aceite de palma. Su política de libre empresa animó a los inversores extranjeros a contribuir a la riqueza del país, y Costa de Marfil se convirtió rápidamente en una de las principales economías de libre mercado.

Retrato del presidente Félix Houphouët-Boigny
https://commons.wikimedia.org/wiki/File:F%C3%A9lix_Houphou%C3%ABt-Boigny_1962-07-16.jpg

Otro de los logros alabados de Boigny fue su capacidad para gestionar las tensiones étnicas dentro del país. A pesar de que Costa de Marfil era una sola nación, existía una división cultural entre el norte musulmán y el sur cristiano. Una tercera facción de marfileños eran los descendientes de los inmigrantes que habían llegado al país tras su éxito económico. La mayoría de estos inmigrantes eran musulmanes procedentes de partes de África Occidental. Como el gobierno de Boigny fue hospitalario con ellos, su número aumentó hasta casi el 30% de la población del país.

A los nativos les preocupaba cada vez más que los inmigrantes se apoderaran de sus tierras, pero la estabilidad de la esfera política apaciguó sus temores. Con la muerte del querido presidente Boigny en 1993, Costa de Marfil tuvo que elegir por primera vez un líder diferente. Naturalmente, las tensiones entre los múltiples grupos del norte y de partes del sur se agravaron.

El siguiente presidente de Costa de Marfil fue incapaz de llenar los zapatos del presidente Boigny y no pudo mantener el orden. A los cinco años de su presidencia, fue derrocado por un régimen militar. Los grupos rebeldes habían surgido en todo el norte controlado por los inmigrantes contra el sur nativo. Los nativos de Costa de Marfil no reconocían a los inmigrantes como ciudadanos elegibles del país, lo que significa que no creían que los inmigrantes pudieran participar en las elecciones.

Los marfileños del norte se quejaban continuamente de ser maltratados por los nativos, pero nada cambió. De hecho, fueron aún más marginados por el gobierno militar. En 2000, poco antes de las elecciones, se celebró un referéndum constitucional. Fue un procedimiento apresurado para cambiar la constitución prohibiendo a los no nativos presentarse a las elecciones. Este cambio impidió que el infame aspirante no nativo llamado Alassane Ouattara se presentara, lo que exacerbó el resentimiento latente en el norte musulmán.

Cuando Laurent Gbagbo, nativo de Costa de Marfil, se alzó como presidente, se lanzaron ataques coordinados en muchas partes del país. En el primer brote, el expresidente militar Robert Guéï y su familia fueron asesinados. Incluso Alassane Ouattara, que no era nativo, fue atacado.

Laurent Gbagbo
https://commons.wikimedia.org/wiki/File:IC_Gbagbo_Motta_eng_195.jpg

Alassane Ouattara
s t, CC BY 2.0 <https://creativecommons.org/licenses/by/2.0>, vía Wikimedia Commons; https://commons.wikimedia.org/wiki/File:A._Ouattara.jpg

El grupo atacó a Gbagbo y exigió una redefinición más inclusiva de la ciudadanía marfileña. Con la ayuda de Francia, antiguo colonizador de Costa de Marfil, el gobierno dirigido por Gbagbo sofocó la primera oleada de rebelión. Esta terminó con un alto el fuego en octubre, un mes después del estallido.

Sin embargo, no era el fin. Dos nuevos movimientos rebeldes, el Movimiento por la Justicia y la Paz (MJP) y el Movimiento Popular Marfileño del Gran Oeste (MPIGO), iniciaron una guerra civil total en noviembre de 2002.

Los franceses siguieron apoyando al gobierno de Gbagbo hasta noviembre de 2004, cuando un avión marfileño explotó «accidentalmente» en una base francesa en Bouake (Costa de Marfil). Esta explosión, que podría haber sido ordenada por el presidente Laurent Gbagbo, mató a nueve soldados franceses y a un estadounidense. Más de treinta personas resultaron gravemente heridas.

Por error o a propósito (es posible que Gbagbo ordenara el ataque, pero no quería que nadie muriera), los franceses no vieron con buenos ojos este ataque. Francia se volvió inmediatamente contra Gbagbo y atacó la base aérea militar marfileña de Abiyán y Yamusukro, la capital de Costa de Marfil. Este acto enfureció a un movimiento juvenil pro Gbagbo conocido como los Jóvenes Patriotas. Los Jóvenes Patriotas tomaron represalias asaltando los edificios de los expatriados franceses y destruyendo sus posesiones.

Francia contraatacó enviando un contingente de seiscientos soldados de Gabón y Francia. Los ciudadanos franceses, aterrorizados, fueron evacuados a su país de origen en aviones militares, y luego el ejército francés abatió a los Jóvenes Patriotas, matando a un número no identificado de jóvenes marfileños.

La guerra civil marfileña se prolongó hasta el año 2007. Ese año se firmaron dos tratados de paz entre el gobierno, representado por Gbagbo, y los rebeldes, representados por Guillaume Soro.

Costa de Marfil disfrutó de los siguientes cuatro años de relativa paz y estabilidad hasta que estalló la segunda guerra civil marfileña en 2010. En esta ocasión, el conflicto enfrentaba al presidente en funciones, Laurent Gbagbo, y a su oponente, Alassane Ouattara, que hasta entonces había quedado al margen de la política marfileña.

Ouattara ganó las elecciones presidenciales de 2010, pero Gbagbo no quiso dimitir, alegando que los resultados electorales eran fraudulentos. Haciendo caso omiso de la presión de la comunidad internacional y de las misiones de mantenimiento de la paz, Gbagbo se aferró al poder mientras sus partidarios desataban actos violentos esporádicos en ciudades de todo el país.

Los manifestantes civiles pacíficos contra el gobierno de Gbagbo fueron abatidos por las fuerzas de seguridad marfileñas, y Gbagbo amplió su ejército reclutando mercenarios de los países vecinos. Cuando todos los intentos de resolución pacífica se agotaron, las fuerzas de Ouattara comenzaron a tomar represalias violentas.

Hasta la detención de Gbagbo el 11 de abril de 2011, Costa de Marfil fue asediada con tiroteos, explosiones y ataques aéreos. La primera y la segunda guerra civil marfileña costaron al país una gran cantidad de recursos financieros, militares y humanos.

Conclusión

Las guerras civiles, que a menudo son el resultado de enfrentamientos étnicos y de la falta de armonía debida a la colonización, contribuyeron en gran medida a privar a muchos países africanos de la estabilidad política y económica a la que aspiraban tras la independencia. Estas guerras, así como los horribles genocidios, han dejado una mancha oscura en la historia africana desde mediados del siglo pasado hasta la actualidad.

En abril de 1994, Ruanda, país situado en la parte oriental de África Central, estalló en un baño de sangre dirigido a la tribu tutsi. En el transcurso de 100 días, más de 800.000 ruandeses fueron brutalmente asesinados por sus conciudadanos de la tribu hutu. Más de 300.000 mujeres fueron violadas y los niños fueron asesinados indiscriminadamente. Del mismo modo, en Darfur, al oeste de Sudán, comenzó en 2003 lo que se conoce como el primer genocidio del siglo XXI. El genocidio tuvo su origen en las disputas por la propiedad de la tierra entre los nómadas pastores de habla árabe y los agricultores sedentarios de habla no árabe de Darfur muchos años antes. Estas disputas degeneraron en guerras interétnicas que constituyeron el telón de fondo de la guerra civil sudanesa en las décadas de 1950 y 1960. Las luchas políticas y religiosas fueron las causas inmediatas del genocidio de Darfur, y las tribus no arabófonas de la región sufrieron muertes violentas, desplazamientos y el saqueo de sus posesiones.

Al igual que en Ruanda, se mecanizaron las violaciones contra mujeres y niñas, y la población civil sufrió muchos traumas. A pesar de los esfuerzos de mantenimiento de la paz de la comunidad internacional, el genocidio sudanés persiste hasta la fecha.

El continente africano aún no se ha recuperado del todo de la era de las guerras, los enfrentamientos y los genocidios. Los beligerantes de las regiones afectadas siguen siendo responsables de haber causado estragos indescriptibles a sus compatriotas africanos en la búsqueda de sus propios intereses. Sin embargo, la historia cita un patrón común en los trágicos orígenes de estos conflictos. Todas estas guerras y matanzas fueron una consecuencia del desorden político y económico del régimen colonial.

Capítulo 5 - Dictadores y revolucionarios

En la época anterior a que muchos países africanos se liberaran de la dominación colonial, algunos africanos tenían sus nombres grabados en las historias de la revolución. Estos hombres y mujeres, que solían pertenecer a la élite africana con educación formal o militar, alzaron las voces más fuertes contra la opresión de las potencias colonizadoras europeas. Fundaron grupos de liberación y movimientos anticoloniales, y participaron en revueltas que buscaban acabar con la represión que habían conocido durante toda su vida. Mientras que algunos nombres han desaparecido en las largas y frágiles páginas de la historia, otros siguen siendo hoy un recuerdo común en todo el continente africano.

Del mismo modo, en la época posterior a la independencia surgió una cosecha inolvidable de africanos. Algunos de ellos habían sido revolucionarios durante los regímenes coloniales de sus respectivos países, formando parte de los primeros gobiernos africanos tras la marcha de los europeos. Sin embargo, con el tiempo, estos africanos demostraron ser autocráticos, brutales y despiadados en el liderazgo de su propio pueblo.

¿Será la historia amable con estos dictadores?

Idi Amin de Uganda

El 25 de enero de 1971, el pueblo de Uganda se emocionó al saber que su presidente, Milton Obote, había sido derrocado en un golpe militar. Obote se encontraba en Singapur para asistir a la primera Reunión de Jefes de Gobierno de la Commonwealth cuando su distanciado aliado, Idi Amin, dirigió un golpe de estado para desalojarlo del poder en Uganda.

Mientras el pueblo se alegraba de la desgracia de Obote, ignoraba por completo que su nuevo líder no era mejor. De hecho, les esperaba lo que probablemente fueran los peores ocho años de su vida.

El comienzo

Tras la separación de sus padres durante su infancia, Idi Amin fue criado por su madre, Aisha, que pertenecía a la tribu Lugbara, un grupo étnico del centro de Sudán en partes de Uganda y la República Democrática del Congo. Gran parte de la infancia de Idi Amin, hijo de un adivino nativo, está rodeada de misterio; ni siquiera quiso dar la fecha real de su nacimiento, pero las fuentes históricas estiman que nació en algún momento de la década de 1920.

Su educación formal fue breve, pero esto no impidió su prometedor futuro militar. Siendo un joven de 20 años, Idi Amin tenía todas las características físicas deseables para un soldado. En 1946 fue reclutado por los King's African Rifles, un regimiento de africanos que luchaba para el ejército británico. Algunas fuentes afirman que comenzó su carrera militar en la cocina, donde preparaba las comidas para los soldados.

Con el tiempo, la complexión de Idi Amin, de 1,80 m, y sus habilidades naturales para el atletismo no podían desperdiciarse en la cocina o haciendo recados en los campamentos militares. Fue alistado como soldado y se hizo popular entre sus compañeros y superiores por sus impresionantes habilidades en el rugby y los deportes de combate y acuáticos. Tres años después de ser reclutado, ascendió de soldado raso a cabo.

La década de 1950 brindó a Idi Amin otra oportunidad de demostrar su ingenio a los británicos, lo que hizo de forma cruel. Como parte del destacamento enviado para frenar el levantamiento

Mau Mau contra el gobierno británico en Kenia, Idi Amin era famoso por sus brutales métodos de interrogatorio y las ejecuciones extrajudiciales de sus compatriotas. En ocasiones, esto fue motivo de gran preocupación para el gobierno británico, y hubo cierto debate sobre los efectos de su anarquía. Finalmente, las autoridades británicas decidieron que Idi Amin era un arma peligrosa que era mejor mantener cerca. Dejando a un lado su errática crueldad, era un soldado con talento y tenía un historial probado de servicio al gobierno británico.

Así que, en lugar de castigar a Idi Amin, el gobierno británico lo promovió. A finales de la década de 1950, había ascendido al más alto rango africano alcanzable en el ejército colonial: afande clase dos (suboficial).

El poder en juego

Idi Amin debió de entablar amistad con Milton Obote en la época en que este dirigía la lucha por la independencia a principios de los años sesenta. Como soldado que había participado activamente en la represión de las luchas anticoloniales en otras regiones en nombre de los británicos, resultaba irónico que Idi Amin cambiara de bando. Es irónico, pero no del todo ilógico.

Si de algo sirve, Idi Amin había alcanzado el rango más alto que se le permitía a un africano en el ejército británico, por lo que ninguna hazaña podía llevarlo más arriba. Idi Amin también parecía tener un buen conocimiento de los tiempos. En 1960, África se escapaba rápidamente de las garras del colonialismo. Fue una decisión oportuna alinearse con el movimiento anticolonial y no dejarse aplastar por el sistema colonial que se desmoronaba.

Antes de que Uganda obtuviera la independencia el 9 de octubre de 1962, el gobierno británico encargó a Idi Amin y a sus hombres que investigaran a los ladrones de ganado turkana de Kenia. Al igual que en la época del levantamiento Mau Mau, Idi Amin y sus hombres hicieron lo contrario de investigar. En su lugar, capturaron a los sospechosos y los torturaron hasta la muerte o los enterraron vivos. El gobierno británico estaba harto de la insubordinación de Idi Amin. Después de todo, la independencia de Uganda estaba a la vuelta de la esquina, y entonces ya no les serviría de nada.

Los funcionarios del gobierno británico ordenaron al futuro primer ministro de Uganda, Milton Obote, que persiguiera a Idi

Amin. Sin embargo, Obote tenía otros planes para su amigo.

Idi Amin fue ascendido a capitán en el ejército independiente de Uganda. Ascendió a mayor en 1963, y su asociación con Obote se fortaleció, gracias a sus intereses militares expansionistas comunes y a su lucrativo negocio de contrabando. Al año siguiente, Obote nombró a Idi Amin comandante del Ejército de Uganda. Juntos, introdujeron en Uganda marfil, café y oro de contrabando desde la República del Congo y se enriquecieron plenamente, levantando las sospechas del jefe ceremonial de Uganda, el rey Mutebi Mutesa II de Buganda.

Siguiendo el modelo de su colonizador, Gran Bretaña, la nueva Uganda independiente fue dirigida inicialmente por un jefe de gobierno (el primer ministro de Uganda). Un año después, el rey Mutesa II fue elegido presidente. Estos dos líderes compartían el poder político, pero el primer ministro se encargaba más directamente de dirigir los asuntos del Estado. El rey Mutesa II de Buganda era el igual constitucional del primer ministro Milton Obote.

Un día, en 1965, el rey Mutesa II pidió al Parlamento que investigara las acusaciones de contrabando contra Obote e Idi Amin, su mano derecha. En poco tiempo, el primer ministro Obote desafió al Parlamento, suspendió la constitución y otorgó a Idi Amin el título de comandante en jefe de las fuerzas armadas de Uganda. Con ello, los hombres de Idi Amin apresaron a los cinco miembros del Parlamento que habían iniciado la investigación y luego dirigieron un ataque al palacio del rey Mutesa. El rey de Buganda huyó para salvar su vida y permaneció en el exilio el resto de sus días.

Con la desaparición del rey de Buganda y la imposición de una nueva constitución, Obote fundó un nuevo orden político y se autoproclamó presidente de Uganda el 15 de abril de 1966. En aquel momento, Obote no tenía ni idea de que el hombre al que había puesto al frente del brazo más poderoso de su administración se convertiría en su archienemigo.

Como oficial de más alto rango de las Fuerzas Armadas ugandesas, Idi Amin disponía de una gran cantidad de recursos militares. Al igual que los británicos durante la independencia, Obote pronto se quedó sin importancia para Idi Amin.

El comandante comenzó a cortejar a sus viejos amigos, los británicos, así como a algunos grupos israelíes, para obtener apoyo internacional. También imaginó un ejército privado y empezó a reclutar hombres de las tribus Kakwa y Lugbara, las tribus nativas de sus padres, para que se unieran al ejército ugandés.

A Obote le llegó la noticia de que su amigo estaba haciendo movimientos turbios. Obote también descubrió que una abrumadora mayoría del ejército ugandés era leal a Idi Amin. La gota que colmó el vaso fue un intento de asesinato del presidente Obote por parte de presuntos leales a Idi Amin. Obote redefinió rápidamente su amistad con Idi Amin y lo degradó a comandante solo del Ejército de Uganda en lugar de las fuerzas armadas combinadas.

La animosidad se fraguó rápidamente entre los dos antiguos amigos.

Justo antes de que el presidente Obote emprendiera su viaje a Singapur en enero de 1971, ordenó la detención de Idi Amin por apropiación de fondos del ejército. Sin embargo, este último había preparado una contramedida de antemano. Mientras Obote estaba fuera de Uganda, Idi Amin dio un golpe militar y capturó Kampala, la capital de Uganda. En una emisión de radio nacional, Idi Amin se declaró nuevo presidente de Uganda, promocionándose como el mejor sustituto del corrupto y fanático étnico Obote.

Idi Amin dio a entender al pueblo que estaba al frente de un gobierno transitorio y prometió dimitir tras las siguientes elecciones. El pueblo aceptó el nuevo régimen y se convenció aún más de las intenciones de Idi Amin cuando celebró un entierro de Estado digno para el rey exiliado de Buganda y liberó a los presos políticos como había prometido.

Por desgracia para muchos ugandeses, eso fue lo último que verían de la buena voluntad de Idi Amin.

El déspota

Apenas había transcurrido un año desde que el «régimen provisional» de Idi Amin asumiera el poder de Uganda. El nuevo jefe de Estado se había embarcado en una reestructuración radical de la política de Uganda. Abandonó la constitución, se nombró a sí mismo presidente del Consejo de Defensa del país y elevó a los oficiales militares por encima de los civiles en los puestos clave del gobierno. También inició una violenta purga del Ejército de Uganda, exterminando a todos los partidarios de Obote. Miles de soldados pro Obote huyeron de Uganda cuando comenzó la caza de brujas en 1972, y se reunieron en torno al ex presidente Obote para organizar su regreso.

Su intento fue un fracaso monumental, pero Idi Amin no los dejó libres. Su respuesta fue una serie de violentas acciones genocidas, dirigidas a los grupos étnicos Lango y Acholi, favorables a Obote. Se calcula que unos seis mil soldados murieron en escaramuzas por todo el país.

El presidente Idi Amin
https://commons.wikimedia.org/wiki/File:Idi_Amin_-_Entebbe_1966-06-12.jpg

Poco a poco, las líneas se difuminaron entre los grupos objetivo y los civiles inocentes. Esto era solo el principio, ya que al pueblo ugandés le esperaban siete años más de agitación. Líderes religiosos, políticos, ejecutivos clave de la administración pública, estudiantes y académicos fueron asesinados indiscriminadamente, y sus cuerpos arrojados al Nilo para ser devorados por los cocodrilos.

Mientras el pueblo luchaba por adaptarse a la impactante realidad de su despótico líder, la economía de Uganda se desmoronaba. Idi Amin disfrutaba de un estilo de vida totalmente lujoso a costa del país. Residía en una mansión lujosamente amueblada. Además de sus seis esposas, tenía más de treinta concubinas. Sus hombres participaban de la abundancia, con regalos ocasionales de licor, coches, ascensos y otros incentivos para alimentar sus expediciones asesinas en su nombre.

Otro golpe a la economía ugandesa fue la errática expulsión por parte de Idi Amin de los cincuenta mil empresarios y trabajadores asiáticos e israelíes que vivían en el país. Acusó a algunos de los asiáticos de ser desleales a Uganda. Creía que se habían negado a integrarse en la sociedad ugandesa y que corrían el riesgo de alterar el equilibrio de un estado étnico ugandés.

Probablemente se pregunte cuándo y por qué se deterioró la relación de Idi Amin con Israel. Recordemos cuando Obote y sus partidarios intentaron derrocar el gobierno de Idi Amin. Tanzania era su aliado en la lucha contra Idi Amin. Así que, cuando el golpe fracasó, Idi Amin tenía una cuenta pendiente con Tanzania. Lanzó una serie de invasiones y pidió a Israel que le suministrara armas para sus represalias.

Israel se negó, y un hombre vengativo como Idi Amin nunca lo olvidó. Después de que Israel se negara a suministrar armas, Libia intervino para acceder a la petición de Idi Amin. Este fue el comienzo de una prometedora amistad con el líder libio, Muamar Gadafi.

Para compensar a Israel por haber hecho la vista gorda en su momento de necesidad, se dio un ultimátum a la población obrera israelí de Uganda para que abandonara el país. Uno de los ministros de Idi Amin declaró que la razón de esta repentina expulsión era que Idi Amin había tenido un sueño en el que los israelíes suponían una amenaza para Uganda y que Dios le había ordenado que los expulsara.

Muchos de estos extranjeros eran propietarios de exitosos negocios que contribuían enormemente a la economía de Uganda. Tras obligarlos a abandonar el país, Idi Amin repartió sus negocios entre sus partidarios, pero su incompetencia provocó una terrible inflación.

Idi Amin era también un famoso ritualista que alardeaba abiertamente de su canibalismo. Su imagen en la comunidad internacional era la de un fanático despreciable y asesino; era peor que el hombre al que había derrocado. Sin embargo, Idi Amin era un hombre de costumbres. Al igual que Israel, Gran Bretaña cortó todos los lazos con Uganda durante el apogeo del régimen de Amin, lo que le llevó a añadir a su autoproclamación el título de «conquistador del Imperio británico».

Un aspecto muy distintivo de la existencia de Idi Amin fue su doble personalidad. A pesar de sus acciones violentas y opresivas, que revelaban su narcisismo y sus delirios de grandeza, se presentaba excelentemente como un buen líder. Había logrado convencer a todo el país de su compromiso con una mejor gobernanza. En los archivos nacionales hay fotos suyas estrechando cortésmente la mano a nacionales e invitados extranjeros. También era famoso por sonreír y bailar siempre con los ciudadanos de a pie. Estos gestos conservaron una imagen positiva de Idi Amin en la mente de algunos ugandeses, y ni siquiera sus crímenes más violentos contra la humanidad pudieron cambiarla. Simplemente no podía hacer nada malo a sus ojos, y su justificación para sus acciones era que era un líder fuerte y decisivo.

El año 1979 fue el último de la presidencia de Idi Amin. Tanzania respondió al enésimo ataque de Idi Amin a una de sus provincias. Las fuerzas rebeldes ugandesas colaboraron con Tanzania en esta histórica contraofensiva. Kampala fue fuertemente ocupada.

Idi Amin con el rey Khalid de Arabia Saudí
CC0, vía Wikimedia Commons;
https://commons.wikimedia.org/wiki/File:Idi_Amin_with_king_khalid.jpg

Idi Amin huyó de la capital y se refugió con su amigo Gadafi en Libia. Durante los diez años siguientes permaneció oculto, sin remordimientos por sus múltiples crímenes de odio y asesinatos. En 1989, tras un inútil intento de regreso, se trasladó a Arabia Saudí y permaneció allí hasta que murió de insuficiencia renal.

Entre 80.000 y 500.000 personas fueron asesinadas por el régimen de Idi Amin; nunca fue procesado por sus crímenes.

El revolucionario: Nelson Mandela

El nombre que se le quedó

Se llamaba Rolihlahla, pero entre la incapacidad (o la falta de voluntad) de los europeos para pronunciar el nombre y las costumbres de la escuela metodista a la que asistía cuando tenía siete años, le pusieron el nombre de Nelson. Y se le quedó.

Nelson Rolihlahla Mandela era hijo de un jefe tribal Thembu del clan Madiba, de lengua xhosa. Nació el 18 de julio de 1918 y creció en su pueblo natal, Mvezo, situado en algún lugar del Cabo Oriental de Sudáfrica. Como miembro de la realeza durante el dominio colonial británico, Mandela recibió una educación mejor que la del nativo medio.

Tras la muerte de su padre, Mandela, de doce años, quedó bajo la tutela del siguiente rey Thembu, Jongintaba Dalindyebo. No vería a su madre, Noqaphi Nosekeni, durante muchos años, pero Nelson fue tratado con amabilidad por su nuevo tutor y su esposa. En aquella época, Nelson era demasiado joven para comprender el alcance del colonialismo, por lo que tenía una opinión sencilla de los europeos en su país. Eran personas de buena voluntad que habían llevado la educación y el Evangelio a África, y su presencia había mejorado considerablemente la vida de la gente. Bautizado a los nueve años, Nelson se crió en una familia de cristianos metodistas.

Tres años después de ser adoptado por la nueva familia real Thembu, Nelson se trasladó a la Escuela Secundaria Metodista de Clarkebury para cursar su educación secundaria. Soñaba con convertirse en consejero privado de la casa real Thembu en la que había crecido, pero eso cambió en los seis años siguientes. En 1939 ingresó en la Universidad de Fort Hare, donde estudió inglés, política y antropología.

Mandela con diecinueve años
https://commons.wikimedia.org/wiki/File:Young_Mandela.jpg

En su juventud, Mandela practicaba una gran variedad de actividades físicas. Destacó en las carreras de larga distancia y en el boxeo, y como estudiante universitario se entregó a los bailes de salón. Sin embargo, Mandela no llegaría a ser famoso como deportista o bailarín. Tras entrar en el Consejo de Representantes de Estudiantes (SRC) de la Universidad de Fort Hare en 1940, Mandela formó parte, por primera vez, de aquello por lo que su nombre sería aclamado: la lucha por el cambio.

Un monstruo llamado Apartheid

El nombre de Mandela no fue el único que resonaría en toda Sudáfrica. Ocho años después de que Mandela fuera suspendido por unirse a una protesta contra la comida de baja calidad que se servía a los estudiantes en Fort Hare, surgiría otro nombre: apartheid.

En 1940, después de que Mandela y sus compañeros estudiantiles fueran castigados con la suspensión por las protestas organizadas por el SRC, Mandela regresó a su casa en el Palacio Mqhekezweni. A su llegada, recibió la aterradora noticia de que su padre adoptivo planeaba casarlo a él y a Justice, su hermanastro.

El matrimonio era lo último en lo que pensaban Mandela y Justice, pero no había forma de convencer a su padre. Así que huyeron a Johannesburgo, la bulliciosa capital de Sudáfrica. Fue el primer lugar donde Mandela experimentaría un horror peor que un matrimonio concertado: el racismo flagrante.

Los descendientes de los colonizadores europeos en Sudáfrica eran minoría, pero trataban a los sudafricanos negros con un desprecio desmedido. En 1943, Mandela se matriculó en la Universidad de Witwatersrand para licenciarse en Derecho. Al ser el único sudafricano negro de su clase, Mandela sufrió frecuentes discriminaciones. Al igual que otros negros, a Mandela le repugnaba el trato que recibían las personas por el color de su piel. Las agitaciones contra este racismo fueron la base de movimientos nacionalistas como el Congreso Nacional Africano (CNA), que se convirtió en un partido socialdemócrata.

Las siguientes elecciones generales en Sudáfrica se celebraron el 26 de mayo de 1948. Sin embargo, los sudafricanos negros, que constituían la mayoría del país, fueron excluidos de la votación. Los resultados se declararon sobre la base de la mitad del voto total de la minoría sudafricana blanca y asiática, apenas un fragmento de la población total del país.

El Partido Nacional conservador llegó al poder con Daniël François Malan como nuevo primer ministro de Sudáfrica. Su mandato de seis años y medio fue testigo de cómo la discriminación racial quedaba codificada en la constitución sudafricana. Surgió el apartheid, y la población no blanca de Sudáfrica tendría que luchar contra el racismo legalizado durante el siguiente cuarto de siglo.

La segregación racial era el objetivo del apartheid, pero su realidad tuvo efectos más adversos. Se diseñó una nueva estructura social, y en la cúspide estaban los sudafricanos blancos, seguidos por los indios y los asiáticos. Los africanos estaban en la parte inferior de la cadena social, a pesar de ser la población más numerosa del país.

El primer principio del apartheid fue la prohibición de los matrimonios mixtos. El 8 de julio de 1949 se firmó una ley que prohibía los matrimonios entre blancos y no blancos. Un año después, se firmó también la Ley de Enmienda a la Inmoralidad, que impedía las relaciones sexuales entre blancos y no blancos. El gobierno del apartheid reforzó aún más la segregación de las razas en las viviendas. Millones de africanos fueron obligados a abandonar sus hogares en las zonas urbanas por barrios asignados, y los negros obtuvieron las peores ubicaciones con tierras infértiles propensas a la contaminación industrial. La Ley de Reserva de Servicios Separados de 1953 designó los mejores lugares de los parques públicos, autobuses, hospitales, playas e instituciones educativas solo para los blancos.

Letreros comunes durante la época del apartheid
https://commons.wikimedia.org/wiki/File:ApartheidSignEnglishAfrikaans.jpg

Letreros comunes durante la era del apartheid
https://commons.wikimedia.org/wiki/File:Apartheid-signs-trainstation.jpg

Las personas de color solo podían acceder a ciertas partes del país con documentos de identidad emitidos por el gobierno, que incluían detalles de sus nombres y razas. Las personas de color no podían votar ni ser elegidas a mediados de la década de 1960, y las restricciones aumentaron año tras año. Los sudafricanos negros oprimidos no se iban a quedar de brazos cruzados.

La larga marcha hacia la libertad

Nelson Mandela tenía treinta años cuando el sistema del apartheid se convirtió en ley, y como miembro activo del CNA, se unió a otros activistas en las manifestaciones contra el apartheid. Las acciones de huelga y las protestas pacíficas se utilizaron inicialmente para llamar la atención sobre la crueldad sistémica de la minoría blanca.

Sin embargo, la respuesta fue la represión salvaje y la brutalidad policial. Unos ocho mil manifestantes y no manifestantes negros fueron detenidos y encarcelados por sus «delitos» de rebeldía contra el gobierno del apartheid. Mandela se involucró cada vez más en la política y el activismo, lo que le costó tres fracasos en los exámenes finales de la Universidad de Witwatersrand y el título de abogado.

Más que el activismo africanista a favor de los negros, Mandela abrazó la igualdad multirracial y la creencia de que Sudáfrica podía ser el hogar de múltiples razas que podían coexistir en armonía y respeto mutuo. Sus ideales chocaban con los activistas radicales pro negros, pero el apartheid era su enemigo común.

Cuando el gobierno del apartheid puso en marcha su ley anticomunista, destinada a sofocar aún más la oposición, Mandela se incorporó al bufete de abogados de Hyman Meir Basner en Johannesburgo. El bufete estaba dirigido por un comunista acérrimo. Mandela empezó a darse cuenta de que habían sido demasiado pragmáticos con un gobierno malvado y dirigió a otros jóvenes activistas de color para lanzar una nueva campaña el 26 de junio de 1952. Se denominó Campaña de Desafío y se opuso a las leyes represivas del régimen del apartheid. El estilo de ejecución de la Campaña de Desafío era la desobediencia civil, y era más bien una serie organizada de manifestaciones contra el apartheid. También incluía actos de desafío como «entrar en zonas exclusivas para blancos y no mostrar ningún remordimiento cuando eran detenidos y acusados.

Ese mismo año, Mandela y un activista asociado, Oliver Tambo, fundaron el primer bufete de abogados de propiedad negra del país. Representaban los intereses de las personas de color oprimidas por el apartheid.

Todos los intentos pacíficos de llamar la atención del gobierno del apartheid a través de la Campaña de Desafío fueron inútiles. En lugar de dejarse abrumar por los manifestantes, el gobierno ordenó detenciones, encarcelamientos y asesinatos. Mandela y su gente fueron tachados de insurrectos, pero su Campaña de Desafío llamó la atención del mundo entero, llamando la atención sobre el régimen del apartheid.

En la mañana del domingo 26 de junio de 1955, miles de personas se reunieron en Kliptown, Soweto, para una reunión. Allí escucharon la declaración de la Carta de la Libertad, que declaraba que todas las personas eran iguales ante la ley y merecían los mismos derechos. La reunión se disolvió bruscamente cuando llegó la policía, y Mandela y otros activistas fueron detenidos y procesados por traición. El juicio se prolongó durante cuatro años y medio sin avances tangibles, y en 1961, Mandela y sus asociados fueron declarados inocentes. En retrospectiva, el juicio por traición de 1956 se considera una estrategia del gobierno del apartheid para mantener a la oposición distraída de la política.

Mientras tanto, otro acontecimiento desencadenó agitaciones más agresivas contra el apartheid en Sudáfrica: la protesta de Sharpeville de 1960. Sesenta y nueve manifestantes fueron asesinados por la policía del apartheid, y miles fueron detenidos. Se declaró la ley marcial y se prohibieron el Congreso Nacional Africano y el Congreso Panafricano. Fue una táctica deliberada para sellar a los partidos negros de la oposición y asegurar el régimen del apartheid para las próximas elecciones. Las minorías blancas querían mantenerse en el poder.

Después de que Mandela fuera liberado, su bufete de abogados fue cerrado, y su socio, Tambo, huyó del país para escapar del chantaje del régimen del apartheid. Ahora que estaba seguro de que las protestas pacíficas serían ineficaces contra el gobierno, Mandela decidió hacer su defensa más militante. Pasó a la clandestinidad, reuniendo el apoyo militar de naciones antiapartheid y procomunistas, incluida la República Popular China. Se escabulló de país en país, evadiendo hábilmente a las autoridades, lo que le valió el apodo de «pimpinela negro». Era un maestro del disfraz; por su seguridad, tenía que adoptar múltiples identidades para burlar a las autoridades de inmigración.

En 1961, Mandela y otras dos personas fundaron el uMkhonto we Sizwe (Lanza de la Nación) como brazo paramilitar del Congreso Nacional Africano con la misión de acabar con el apartheid. Algunos miembros de este grupo eran comunistas blancos y escondían a Mandela en sus casas. Se formularon los ideales del nuevo grupo y Mandela dirigió la lucha armada.

Tres años después, Mandela fue capturado y acusado de cuatro cargos de sabotaje y conspiración contra el gobierno. Durante su defensa, Mandela hizo una declaración épica:

«Durante mi vida me he dedicado a esta lucha del pueblo africano. He luchado contra la dominación blanca y he luchado contra la dominación negra. He acariciado el ideal de una sociedad democrática y libre en la que todas las personas convivan en armonía y con igualdad de oportunidades. Es un ideal por el que espero vivir y alcanzar. Pero si es necesario, es un ideal por el que estoy dispuesto a morir».

Esta afirmación procede del famoso discurso «Estoy preparado para morir», y el pueblo negro de Sudáfrica nunca lo olvidaría. Mandela había sido famoso por sus discursos públicos, sus mítines y sus múltiples detenciones, pero ese discurso fue el detonante de una defensa implacable contra el apartheid. La fiscalía pidió que Mandela y sus socios fueran condenados a muerte, pero el tribunal dictó en su lugar cadena perpetua.

Mandela fue enviado a la isla Robben, una prisión remota, principalmente para presos políticos, situada al oeste del continente. Las condiciones de vida en la isla Robben eran más duras para los presos negros. Tenían menos raciones de comida que los de otras razas, y llevaban pantalones cortos en lugar de pantalones, a pesar de que se les hacía dormir en esteras de paja en celdas mugrientas. Mandela y los demás activistas fueron objeto de abusos físicos y verbales por parte de los guardias de la prisión, y su vista se deterioró como consecuencia de la exposición sin protección a la piedra caliza durante los duros trabajos.

Una réplica de la celda de Mandela en la isla Robben
Makbula Nassar, CC BY-SA 4.0 <https://creativecommons.org/licenses/by-sa/4.0>, vía Wikimedia Commons; https://commons.wikimedia.org/wiki/File:Robben_island_prison_01.jpg

El movimiento antiapartheid continuó mientras Mandela estaba en prisión, con activistas negros como Steven Biko en primera línea de la resistencia a principios de la década de 1970. A diferencia de Mandela, a Biko y a otros jóvenes activistas negros contra el apartheid les importaba poco el activismo inclusivo. Creían que la gente de color, especialmente los negros, habían soportado el peso del apartheid y, por tanto, debían ser el centro de la lucha antiapartheid. Sus ideas se manifestaron en campañas, disturbios y protestas a favor de los negros africanos. Aun así, el gobierno del apartheid se defendió de la oposición. Steven Biko fue brutalmente asesinado por la policía.

La esposa de Mandela, Winnie Madikizela-Mandela, fue otra poderosa voz contra el apartheid durante el encarcelamiento de su marido. Como miembro del Congreso Nacional Africano, fue una de las primeras personas en ser detenidas bajo la Ley de Terrorismo del gobierno del apartheid en la década de 1960. A menudo fue sometida a arresto domiciliario, se le prohibió viajar, y fue detenida y torturada por la policía. Participó activamente en el levantamiento de Soweto de 1976, que se opuso a la imposición del dialecto sudafricano blanco, el afrikáans, como medio oficial de enseñanza en las escuelas negras.

Winnie Mandela

John Mathew Smith & www.celebrity-photos.com de Laurel, Maryland, EE. UU., CC BY-SA 2.0 <https://creativecommons.org/licenses/by-sa/2.0>, vía Wikimedia Commons; https://commons.wikimedia.org/wiki/File:Winnie_Mandela_2.jpg

Steven Biko
Fotógrafo desconocido, CC BY-SA 4.0 <https://creativecommons.org/licenses/by-sa/4.0>, vía Wikimedia Commons; https://commons.wikimedia.org/wiki/File:Steve_Biko_Portrait_saho.jpg

Se calcula que unos veinte mil estudiantes negros de varios institutos de Sudáfrica se unieron a la marcha contra la ley represiva. Durante los disturbios, el gobierno del apartheid desplegó 1.500 policías armados para atacar a los estudiantes desarmados. La policía del apartheid mató entre doscientos y setecientos jóvenes e hirió a más de mil. Entre las personas detenidas y encarceladas en relación con el levantamiento de Soweto estaba Winnie Mandela. Fue desterrada de su casa en Soweto a Brandfort, donde estuvo recluida en soledad bajo estricta vigilancia y en terribles condiciones. A pesar de los desagradables escándalos a los que Winnie respondería más tarde, su influencia como activista antiapartheid militante en los años 60 y 70 fue astronómica.

Mientras tanto, las visitas a Nelson Mandela en la prisión de la isla Robben estaban limitadas a una persona durante treinta minutos al año. Solo podía enviar y recibir dos cartas fuertemente censuradas al año. Aun así, Mandela hizo todo lo posible por mantenerse al día con el mundo exterior coleccionando recortes de periódicos. Después de las largas jornadas en la cantera de cal, trabajaba por la noche en su licenciatura de Derecho en la Universidad de Oxford. Mandela rechazó al menos dos liberaciones, ya que sus condiciones incluían que abandonara su defensa militante. Estos rechazos le hicieron aún más famoso mientras estaba en prisión. Su fama dentro de los muros de la isla Robben preocupaba cada vez más a las autoridades del apartheid. Así que, para evitar que «influyera» en los demás presos, Mandela fue trasladado a la prisión de Pollsmoor en el decimoctavo año de su encarcelamiento, donde pasó otros cinco años.

En total, Nelson Mandela estuvo en prisión durante casi treinta años, pero su defensa del antiapartheid nunca decayó. Mantuvo correspondencia con el Congreso Nacional Africano y otros grupos antiapartheid, que empezaron a reclamar a gritos la liberación de Mandela en la década de 1980. El movimiento Free Mandela atrajo a miles de sudafricanos y grupos de apoyo internacionales.

El gobierno del apartheid comenzó a desintegrarse, empezando por algunas concesiones hechas a favor de la población de color por la administración del primer ministro F. K Willem de Klerk. Por primera vez en más de dos décadas, el Congreso Nacional Africano ya no fue prohibido y fue reconocido como partido político. Mandela, de 71 años, que había terminado su carrera de Derecho, fue liberado incondicionalmente en febrero de 1990.

La victoria

Las celebraciones estallaron en Ciudad del Cabo, con miles de personas saliendo a la calle para darle la bienvenida. Pronunció un discurso en el estadio del First National Bank de Johannesburgo ante más de 100.000 personas. Allí hizo un llamamiento a la paz y la reconciliación entre todas las razas, así como al fin del gobierno del apartheid.

Mandela no tardó en viajar por el mundo para buscar el apoyo internacional de países de África, Europa y América. Tras una serie de intensas negociaciones con el gobierno sudafricano, el sistema del apartheid fue anulado el 27 de abril de 1994, el mismo año en que se celebraron las siguientes elecciones generales en Sudáfrica. Por primera vez en casi cincuenta años, los sudafricanos de color ejercieron su derecho al voto, y Nelson Rolihlahla Mandela se convirtió en el primer presidente de Sudáfrica.

El presidente Nelson Mandela
© copyright John Mathew Smith, 2001, CC BY-SA 2.0;
https://commons.wikimedia.org/wiki/File:Nelson_Mandela_1994.jpg

La administración de Mandela se comprometió a deshacer las políticas de discriminación racial del gobierno del apartheid. Se concedieron indultos a los presos activistas y se aprobaron reformas económicas para solucionar la disparidad racial causada por décadas de apartheid. El gobierno de Mandela también redactó e institucionalizó una nueva constitución para la República de Sudáfrica. La nueva constitución incluía el reconocimiento de todas las razas como iguales y nuevas estructuras políticas para un sistema de gobierno presidencial, ya que Sudáfrica dejaría de estar dirigida por primeros ministros.

Hasta su muerte en diciembre de 2013, Mandela dio su vida para luchar por la igualdad racial y los derechos humanos. A menudo se lo considera el mesías de Sudáfrica y el padre de la nación. Fue condecorado y recibió más de doscientos premios en vida, entre ellos el Premio Nobel de la Paz, la Medalla Presidencial de la Libertad de Estados Unidos y el Premio Lenin de la Paz de la Unión Soviética. Su cumpleaños fue declarado Día Internacional de

Nelson Mandela por las Naciones Unidas en 2009 para conmemorar su defensa.

Nelson Mandela permanece hoy en el corazón de muchos como un héroe de dimensiones poco comunes.

Conclusión

En la historia de África han aparecido y desaparecido personajes notables, y muchos de ellos fueron dictadores o revolucionarios. Robert Mugabe, de Zimbabue, Muamar el-Gadafi, de Libia, y Samora Machel son otros conocidos líderes africanos.

Independientemente de que estos líderes estuvieran en el lado correcto o equivocado de la historia, fueron lo suficientemente valientes —o quizás, audaces— como para ejercer principios radicales sin importar el costo.

Capítulo 6 - Las relaciones de África con Estados Unidos

Las interacciones entre Estados Unidos y África se remontan al siglo XVII, cuando Norteamérica era todavía una colonia de Gran Bretaña. Los nativos americanos que anteriormente poseían tierras en la mayor parte de Norteamérica habían sido rechazados por la creciente población de nuevos colonos europeos. Como se sabe, estos colonos estaban involucrados en el comercio de esclavos. Se calcula que el 10% de los esclavos robados en África acabaron en lo que se convertiría en los Estados Unidos de América. Muchos también fueron enviados a Sudamérica y al Caribe.

A principios del siglo XIX, una controvertida declaración del presidente Thomas Jefferson exigió la promulgación de la Ley de Prohibición de la Importación de Esclavos. Esta ley «prohibía el transporte y la importación de esclavos a cualquier lugar de los Estados Unidos». En opinión de Jefferson, la ley aceleraría el fin del comercio de esclavos en Norteamérica. Jefferson también fue famoso por su lema «todos los hombres nacen iguales» en medio de las críticas contra su propiedad de esclavos.

La trata de esclavos llevó a cientos de miles de africanos a la América colonial, y sus descendientes se convirtieron en los afroamericanos de los Estados Unidos independientes. Poco después de que millones de esclavos fueran liberados, algunos americanos negros creyeron que Estados Unidos nunca podría ser verdaderamente su hogar. Sencillamente, no había forma de separar el trauma de sus vidas anteriores de las de sus antepasados. Sus motivaciones se mezclaban con las de los blancos que sentían empatía por ellos y con las de los segregacionistas blancos que querían a los negros fuera de su tierra.

En 1816, se preparó una nueva colonia para que los esclavos liberados comenzaran una nueva vida. No todos los negros liberados se adhirieron a esto; no se podía volver a África después de tantos años de desplazamiento. Estados Unidos era el único hogar que conocían, y estaban dispuestos a quedarse y luchar para ser reconocidos como ciudadanos iguales. Los dos bandos enfrentados no parecían encontrar un lugar que les permitiera ponerse de acuerdo, pero eso no impidió que los aspirantes miraran hacia su nuevo hogar, Liberia.

Estados Unidos y Liberia

Cuando el gobierno de Estados Unidos supuestamente aprobó 100.000 dólares para el establecimiento de Liberia en 1819, se cuestionaron sus motivos. ¿Era un auténtico gesto de repatriación a los esclavos liberados, o era el preludio de posteriores intervenciones de Estados Unidos en los asuntos de Liberia? Solo el tiempo lo diría.

Los esclavos liberados que fueron a Liberia (posteriormente conocidos como américo-liberianos) no se encontraron con tierras vacías o espacios deshabitados. Las tribus indígenas Kissi y Gola, que habían emigrado desde el centro-norte de África en el siglo XII, ocupaban la tierra. Con ellos había gente de las tribus Kru, Mande, Bassa, Kpelle, Mano y otras que vivían en la tierra antes de los esclavos liberados.

Tras la migración masiva de esclavos liberados de América a estas regiones, los nativos fueron despojados gradualmente de sus tierras. El gobierno de Estados Unidos estableció y patrocinó Liberia, que sofocó la resistencia de los nativos. Sin embargo, esta no sería la última participación de Estados Unidos en los asuntos internos de Liberia. La capital de Liberia recibió el nombre de Monrovia en honor al presidente estadounidense James Monroe, que hizo realidad el proyecto de Liberia durante su dirección del gobierno estadounidense.

Entre 1821 y 1915, Estados Unidos envió buques de guerra y ayuda militar a la minoría estadounidense en el poder para reprimir las insurrecciones de las tribus indígenas. La dependencia de Liberia de Estados Unidos continuó hasta finales del siglo XX.

Tras la Primera Guerra Mundial, Liberia sufrió un colapso económico, que se agravó con la expulsión de las empresas alemanas del país al declararse la guerra. Los alemanes habían sido grandes inversores e importantes socios comerciales en Liberia. Una historia de relaciones amistosas con Alemania y Estados Unidos, que fueron enemigos en la Primera Guerra Mundial, puso a Liberia en un dilema. La mejor postura para permanecer en buenos términos tanto con Alemania como con Estados Unidos era la neutralidad, pero la presión de las fuerzas aliadas, principalmente de Estados Unidos, obligó a Liberia a elegir un bando. Liberia eligió el bando de los Estados Unidos.

Alemania respondió a esto atacando Monrovia, y Liberia declaró la guerra a Alemania en 1918. Estados Unidos recompensó a Liberia con fondos para la guerra, conocidos como préstamos de libertad. Tras la guerra, Estados Unidos encargó a una empresa de caucho, Firestone, que estableciera una plantación de caucho en Liberia a finales de la década de 1920. Esta plantación serviría como fuente de ingresos nacionales en la época de penuria económica de Liberia.

Los lazos de amistad entre Estados Unidos y Liberia se enfriaron durante la Segunda Guerra Mundial, pero se recuperaron durante la Guerra Fría.

Otra dimensión notable de la relación entre Estados Unidos y Liberia fue la protección por tiempo prolongado. Mientras el resto de África se repartió a finales del siglo XIX, Liberia permaneció bajo la protección de Estados Unidos y, por tanto, no fue tocada por los imperialistas europeos. Por ello, Liberia suele figurar erróneamente como uno de los países de África que nunca fueron colonizados.

Liberia fue colonizada, pero no por un país europeo y no por mucho tiempo. A partir de 1847, Liberia era un estado independiente, pero antes de eso, Liberia dependía de Estados Unidos para la protección militar de los levantamientos nativos, préstamos y subvenciones para el desarrollo económico y otras formas de ayuda. Las relaciones bilaterales entre ambos países continúan hasta la fecha.

Estados Unidos y Egipto

Al ser una colonia del Imperio otomano desde 1517 hasta 1867 (con un breve periodo de dominio francés), Egipto parecía estar fuera de los límites de Estados Unidos. Los turcos controlaban todos los aspectos de los asuntos de Egipto, incluidas las relaciones exteriores y el ejército. En 1882, los británicos ocuparon la mayor parte de Egipto. Parece como si Estados Unidos se alejara de tener relaciones sólidas con Egipto.

Esto continuaría hasta la aparición de la administración de Gamal Abdel Nasser en el Egipto independiente en 1954. Es bastante obvio por qué los Estados Unidos de América, al igual que otras potencias mundiales emergentes en la década de 1900, estaban tan interesados en Egipto. Históricamente, Egipto era una zona de importancia estratégica en el norte de África, que actuaba como puerta de entrada a Oriente Medio, rico en petróleo, y donde se encontraba el canal de Suez, una de las rutas comerciales más importantes del mundo.

Gran Bretaña había disfrutado de un buen número de años como controlador del canal de Suez; de hecho, la «protección» del canal era el pretexto para la presencia militar británica en Egipto. Después de que Gran Bretaña y Francia se hicieran con colonias en Egipto a principios del siglo XX, fue necesaria la intervención militar de Estados Unidos para librar a Egipto y al presidente Abdel Nasser de su presencia. La victoria política de Egipto contra la coalición de Israel, Gran Bretaña y Francia fue el inicio de más relaciones bilaterales con Estados Unidos.

Algunos perciben la búsqueda de relaciones bilaterales de Estados Unidos con Egipto como un medio para controlar sutilmente la región. Un hombre como el presidente Abdel Nasser tenía inclinaciones comunistas pro soviéticas, lo que contrastaba con la ideología pro capitalista de Estados Unidos. Estados Unidos detectó esto muy pronto y, tras la llegada de Nasser al poder, Estados Unidos hizo una jugada de «mantener a sus enemigos más cerca» financiando la ayuda a los esfuerzos anticoloniales de Egipto. Con el tiempo, la perspectiva de Nasser cambió del pro comunismo a la neutralidad. No obstante, Estados Unidos invirtió más de mil millones de dólares en ayuda militar y económica para mantener a Nasser en el poder.

Nasser y el presidente estadounidense Dwight D. Eisenhower
https://commons.wikimedia.org/wiki/File:Nasser_and_Eisenhower,_1960.jpg

La larga y amarga historia de Egipto con Israel fue otra fuente de preocupación que impulsó el interés de Estados Unidos en los asuntos egipcios. Israel era un aliado de Estados Unidos, y este estaba a favor de la paz entre ambos países. La estabilidad entre los dos países mantendría a raya la intervención extranjera, especialmente del bloque comunista. La relación entre Estados Unidos y Egipto fue a menudo tensa por las inclinaciones comunistas de Egipto, que se manifestaban en sus relaciones con la Unión Soviética y China.

En la actualidad, Estados Unidos y Egipto mantienen una relación de colaboración. Ambos quieren ver la paz en Oriente Medio. Debido a la proximidad de Egipto a Oriente Medio, se le considera un aliado deseable por razones de seguridad nacional. Sin embargo, el derrocamiento del presidente de Egipto en 2013 ha agriado la relación, y EE. UU. ha recortado la ayuda militar, aunque sigue financiando dinero para operaciones antiterroristas en Egipto.

Estados Unidos y Etiopía

Dos días después de la Navidad de 1903, los Estados Unidos de América y Etiopía, representados por el diplomático estadounidense Robert P. Skinner y el emperador Menelik II de Etiopía, forjaron una alianza histórica. Al ser uno de los amigos más antiguos de Estados Unidos en el continente africano, Etiopía tuvo su cuota de desencuentros, pero en general perduró una relación cordial.

Seis años después de que Estados Unidos y Etiopía iniciaran sus relaciones bilaterales, se establecieron la legación y el consulado estadounidenses en la capital etíope. Como uno de los pocos países africanos que nunca fueron colonizados, Etiopía tuvo que defender constantemente su integridad territorial.

Cuando Italia ocupó partes de Etiopía en la década de 1930 con el objetivo de colonizar el país, el emperador en ejercicio de Etiopía, Halie Selassie, se vio obligado a exiliarse. Estados Unidos se mantuvo cerca y no reconoció la ocupación italiana de Etiopía como legítima. Con la restauración del emperador Selassie en el trono de Etiopía tras el rechazo de la ocupación italiana, los lazos entre Estados Unidos y Etiopía se fortalecieron durante las tres décadas siguientes.

Cuando Mengistu Haile Mariam se convirtió en el jefe de Estado de Etiopía, las relaciones con Estados Unidos sufrieron un retroceso. A diferencia de sus predecesores, Mengistu cortejó abiertamente a los países comunistas, aun sabiendo que Estados Unidos era un país fuertemente anticomunista. También fue famoso por el Terror Rojo, un genocidio en 1977 que causó miles de muertos (posiblemente cientos de miles). En respuesta, Estados Unidos retiró los beneficios de la ayuda económica que había concedido a Etiopía en el pasado y se negó a prestar asistencia militar al régimen de Mengistu para sofocar las guerras civiles en el país.

Tras la destitución de Mengistu en 1991, las tensas relaciones de Etiopía con Estados Unidos mejoraron considerablemente. El Cuerpo de Paz, una iniciativa de Estados Unidos para apoyar el crecimiento de los países en vías de desarrollo en todo el mundo, reclutó a Etiopía como uno de sus participantes más ardientes.

Etiopía se beneficia de las acciones del Cuerpo de Paz de Estados Unidos, y tiene su propio Cuerpo de Paz que apoya a otros países. En el siglo XXI, Etiopía se alió con Estados Unidos en el marco de la guerra global contra el terrorismo, iniciada tras los atentados del 11 de septiembre.

Estados Unidos sigue invirtiendo en educación, alivio de la pobreza y desarrollo económico y militar en Etiopía y otros países africanos. Estados Unidos es el mayor donante humanitario de Etiopía.

En general, el periodo poscolonial marcó el inicio de las relaciones bilaterales entre Estados Unidos y muchos países de África. Antes de esta época, África estaba muy ocupada por las potencias europeas, por lo que era difícil que Estados Unidos interviniera. De hecho, Estados Unidos tuvo una gran influencia en la lucha anticolonial que se libró en África en la década de 1950.

La administración de Estados Unidos y África

Aunque la naturaleza de las relaciones de Estados Unidos con África ha sido bastante constante a lo largo de los años, el alcance siempre ha variado; en realidad depende del presidente estadounidense. A pesar de la existencia de una constitución y de modelos de gobierno, las disposiciones personales y las circunstancias de la época hacen que cada administración sea única.

El Cuerpo de Paz, que representa uno de los aspectos más destacados de la política exterior estadounidense, fue creado por el presidente John F. Kennedy, popularmente llamado JFK. El programa recluta y dispersa a miles de voluntarios en campos profesionales de Estados Unidos a otros países, especialmente a las zonas remotas de los países en desarrollo. Se fundó para mejorar las economías y la calidad de vida de los habitantes de las zonas en desarrollo. También se diseñó para proyectar una imagen positiva de Estados Unidos ante la comunidad internacional.

Por muy noble que fuera, el Cuerpo de Paz, que había estado en fase de borrador mucho antes de la presidencia de JFK, tuvo una serie de críticos de alto nivel. Uno de ellos fue el presidente Dwight D. Eisenhower, predecesor de JFK. Eisenhower y otros desestimaron el Cuerpo de Paz como un «experimento juvenil». Su punto de vista sobre un movimiento que buscaba mejorar las relaciones con otros continentes, especialmente con África, es posiblemente la razón por la que existe la noción de que Eisenhower «descuidó» a África. En realidad, el presidente Eisenhower se implicó en los acontecimientos de África y sus alrededores, especialmente en Oriente Medio.

Su administración fue decisiva para sofocar la crisis del canal de Suez de 1956 al defender a Egipto contra la ocupación militar de las fuerzas combinadas de Gran Bretaña, Israel y Francia. Posteriormente, también propuso la Doctrina Eisenhower, que animaba a los países de Oriente Medio a dirigirse a Estados Unidos para obtener ayuda económica y militar en caso de ataque de países extranjeros, especialmente los comunistas. Esto estaba en consonancia con la política de relaciones exteriores de Estados Unidos, que actuaba contra el anticolonialismo y los esfuerzos anticomunistas, aunque la doctrina tenía un carácter más bien militante. Teniendo en cuenta los antecedentes militares de Eisenhower, parece algo natural que no le importara la estructura del Cuerpo de Paz.

Su sucesor, John F. Kennedy, era muy diferente.

A un mes de las elecciones presidenciales, el senador John F. Kennedy llegó a Ann Arbor, sede de la Universidad de Michigan, en la madrugada del 14 de octubre de 1960. Había sido un largo día, y acababa de volar desde Nueva York tras un intenso debate con su oponente del Partido Republicano, el vicepresidente Richard Nixon. Iba a pasar la noche en el edificio de la Unión durante unas horas antes de continuar su campaña en Michigan al día siguiente.

En un giro histórico, la campaña del senador Kennedy recibió la noticia de que unos diez mil estudiantes de la Universidad de Michigan habían estado esperando ansiosamente para conocerlo. No se había preparado ningún discurso para ello, pero el senador Kennedy sabía perfectamente de qué hablar.

Durante muchos años, las conversaciones sobre el envío de jóvenes estadounidenses a países necesitados para su refuerzo profesional, económico y militar habían sido constantes. Esa mañana, Kennedy utilizó su plataforma en la Universidad de Michigan para declarar su apoyo a una agencia dedicada a ello. El discurso duró apenas cinco minutos, pero el movimiento del Cuerpo de Paz había nacido.

Tras la toma de posesión de Kennedy como trigésimo quinto presidente de los Estados Unidos, el Cuerpo de Paz se convirtió en uno de los aspectos más destacados de la política exterior estadounidense. La creación del Cuerpo de Paz, el 1 de marzo de 1969, coincidió con el periodo en el que muchos países africanos se habían independizado del dominio colonial. También fue una época en la que aumentaron los movimientos por la igualdad de género y racial en Estados Unidos. Por tanto, era natural que el Cuerpo de Paz fuera acogido con cariño como parte del floreciente idealismo estadounidense de la década de 1960. El Cuerpo de Paz recibió un gran apoyo de la población estadounidense, y miles de personas se ofrecieron como voluntarios para ayudar a los países en desarrollo.

En 1966, el Cuerpo de Paz contaba con más de quince mil voluntarios activos en cincuenta y dos países, la mayoría de ellos en África. La agenda del presidente Kennedy había puesto a Estados Unidos bajo una luz diferente ante el mundo, contrarrestando su anterior reputación imperialista. Los voluntarios fueron formados antes de su despliegue para que se adaptaran mejor a sus destinos, y en la década de 2000, más del 40 por ciento de los voluntarios fueron enviados al África subsahariana. Aparte de la visión idealista de JFK, el Cuerpo de Paz fue continuamente criticado por sus fatales defectos, especialmente el maltrato a los voluntarios en sus lugares de despliegue. Las voluntarias, que solían ser veinteañeras, denunciaron casos de violación y agresión sexual, la mayoría de los cuales el Cuerpo de Paz gestionó mal. Mucho tiempo después del asesinato de su impulsor, el presidente Kennedy, se critica que los fracasos del Cuerpo de Paz eclipsaron su éxito en las relaciones exteriores.

El compromiso constructivo de Ronald Reagan fue otro factor vital en las relaciones de Estados Unidos con África. Durante su segundo mandato como presidente, Sudáfrica se tambaleaba bajo el régimen del apartheid. Los sudafricanos negros eran violentamente discriminados mientras el gobierno de la minoría legalizaba derechos constitucionales ilimitados a los blancos.

En la década de 1980, el apartheid sudafricano se convirtió en un fenómeno conocido en todo el mundo, y las agitaciones se multiplicaron contra él. Estados Unidos era uno de los países más poderosos del mundo y ejercía una influencia considerable, pero aparentemente no era suficiente para imponer al gobierno sudafricano el fin del apartheid, al menos en opinión de Reagan.

Jimmy Carter, que había sido presidente antes que Reagan, había adoptado una postura claramente favorable a los derechos humanos contra el apartheid, lo que afectó a las relaciones entre su país y Sudáfrica. Después de que el levantamiento de Soweto de 1976 se saldara con la muerte de manifestantes civiles inocentes a instancias del gobierno del apartheid, Carter promulgó un embargo comercial de armas y otros materiales que podían utilizarse para reprimir a los manifestantes sudafricanos. Bajo el mandato de Carter, Estados Unidos empleó diversas estrategias para ejercer presión internacional sobre el gobierno sudafricano para que pusiera fin al apartheid. Por muy nobles que fueran sus esfuerzos, al final del único mandato de Carter no se logró ningún progreso real.

Cuando Reagan asumió el cargo, su estrategia no se parecía en nada a la de Carter. Reagan estaba convencido de que las sanciones y la agresión no eran la forma de acabar con el apartheid. En su lugar, la naturaleza de las relaciones de Estados Unidos con Sudáfrica tendría una nueva cara: la diplomacia. Para lograrlo, la administración Reagan utilizaría uno de los trucos más antiguos del libro. Se conoce como compromiso constructivo: un enfoque no violento y de diálogo abierto que pretendía influir en el gobierno sudafricano para que acabara desechando el apartheid. La administración de Reagan relajó las sanciones impuestas por la anterior administración Carter y tendió la mano al gobierno del apartheid para establecer una nueva relación. El comercio sería el punto de unión de esta relación y, gradualmente, Estados Unidos «cortejaría» al gobierno del apartheid para que reconociera igualmente los derechos de todos los sudafricanos.

La estrategia de compromiso constructivo de Reagan se convirtió en un bumerán cuando la situación del apartheid fue de mal en peor. El gobierno sudafricano, coloquialmente, «cogió la zanahoria» que le dio la administración Reagan e «hizo un guiso de zanahorias con ella». La indulgencia de Reagan se tomó como una protección frente a las sanciones internacionales, y el gobierno sudafricano la aprovechó al máximo. Reagan fue criticado en su país y en la comunidad internacional por consentir en exceso a un gobierno racista y violento.

Al final, Estados Unidos retomaría una posición más estricta contra el sistema del apartheid hasta su colapso en 1994.

Conclusión

Siempre se han cuestionado las verdaderas motivaciones de la constante participación de Estados Unidos en los asuntos africanos. No obstante, a juzgar por las defensas de Estados Unidos, desde su abolicionismo histórico hasta el anticolonialismo y el anticomunismo, Estados Unidos ha sido una fuerza para el bien en sus relaciones con África.

Por el contrario, si se tiene en cuenta que Estados Unidos ha retirado ocasionalmente su apoyo económico, financiero y militar a cualquier país africano que se desviara hacia el comunismo, incluso a costa de ciudadanos inocentes, el escepticismo se mantiene.

Al final, es correcto que, como cualquier otro país, Estados Unidos mantiene relaciones exteriores que son beneficiosas para sus intereses nacionales, lo que lo sitúa más allá de los límites de lo bueno o lo malo.

Capítulo 7 - La religión en África

África es un crisol de muchas religiones extremadamente diversas, que han afectado al curso de la historia y a la vida de las personas. Mucho antes de que las olas del cristianismo y el islam se extendieran por el continente, las religiones autóctonas de los africanos tenían características únicas. No obstante, ninguna de estas religiones era igual en múltiples regiones. Sin embargo, las religiones tradicionales africanas tenían una naturaleza común.

La primera era la creencia de que todo elemento natural tenía vida. Los ríos, las plantas, los animales, las montañas, las rocas e incluso el clima tenían un espíritu y vida. Esta creencia hizo que ciertas tribus de África adoraran cualquier elemento que consideraran más primario para su existencia. Transmitían estas creencias a sus hijos a través de tradiciones orales. Tenían rituales, ritos y festivales para celebrar la vida en estos elementos y apaciguar a los elementos para mejorar sus vidas.

Esta creencia fue bautizada como animismo por el antropólogo británico Edward Burnett Tylor en su libro de 1871 titulado *Cultura primitiva*. Aunque en este libro se hace referencia al concepto de animismo como un marco de las religiones tradicionales africanas, algunos expertos lo interpretan como una religión en sí misma.

Otro aspecto común de las religiones nativas africanas era el culto a los antepasados. Esto estaba estrechamente relacionado con la idea del animismo, solo que esta vez se adoraba a los difuntos. La gente creía que sus antepasados asumían una existencia sobrenatural continuada después de la muerte y les rezaban para pedir favores, bendiciones y protección. Al margen de las inclinaciones religiosas, la veneración de los antepasados era importante en los clanes y familias africanas como medio de preservar los valores familiares. En algunas partes de África occidental, la gente se llamaba con cariño por los nombres de sus antepasados en largos pedigríes familiares. Las tumbas eran lugares habituales de culto a los ancestros, y si se va al antiguo Egipto, algunas tumbas eran tan extravagantes como los palacios.

Durante muchos siglos, África fue el hogar de miles de tribus étnicas que practicaban sus religiones autóctonas sin interferencias ni deseos de difundir sus creencias. ¿Qué cambió? ¿Cuándo? ¿Y cómo? Está a punto de descubrirlo.

El cristianismo en África

Un hecho fascinante sobre la expansión del cristianismo en África es que comenzó en lo que ahora es una región mayoritariamente islámica: El norte de África.

Alrededor del año 43 de la era cristiana, un evangelista llamado Marcos llegó a Alejandría, Egipto, con lo que llamó la Gran Comisión. La Gran Comisión era un encargo que había hecho Jesucristo a sus seguidores para que difundieran el Evangelio de su muerte y resurrección. También era la base de una nueva religión llamada cristianismo.

Marcos se convirtió en el primer obispo de la iglesia de Alejandría. El cristianismo se extendió lentamente en Egipto durante los tres siglos siguientes y finalmente se extendió fuera de sus fronteras a lugares como Cartago y Túnez. Siglos después, surgieron diferencias doctrinales dentro de la iglesia de Alejandría. Esto se debió a las diferentes interpretaciones de la naturaleza de Cristo y dio lugar a la división de la iglesia alejandrina en dos facciones: la Iglesia ortodoxa copta y la Iglesia ortodoxa griega.

En aquella época, Egipto estaba bajo el control de los romanos, y algunos de los emperadores anteriores a mediados del siglo III habían sido tolerantes o tenían una disposición favorable al cristianismo.

Las cosas dieron un nuevo giro cuando el emperador romano Cayo Decio subió al trono. Como politeísta romano acérrimo, Decio no estaba dispuesto a continuar el legado de sus predecesores. Emitió un decreto para que todas las personas de su imperio hicieran sacrificios a las deidades en su nombre, sabiendo perfectamente que eso iba en contra de las creencias cristianas. Los cristianos se negaron al decreto de Decio y fueron ejecutados por rebeldía. Uno de los primeros mártires de la persecución de Decio fue el papa de Roma, Fabián (Fabianus).

Muchos cristianos huyeron de Egipto para escapar de la purga, y se refugiaron en los desiertos para vivir y rezar. Algunos regresaron a lo que quedaba de sus hogares después de la purga, pero otros abrazaron una nueva vida como ermitaños.

Decio fue una pesadilla en el mundo cristiano del siglo III, pero no fue rival para el emperador Diocleciano (o Diocles) de principios del siglo IV. Diocleciano también era un politeísta romano, y su persecución de los cristianos fue mucho más violenta. Arrasó iglesias y ordenó mutilaciones y ejecuciones brutales de cristianos en todo su imperio.

El emperador Constantino I de Roma desharía el legado de Diocleciano y fomentaría la libertad de religión en su imperio. Del mismo modo, el rey Ezana de Aksum, un antiguo reino del norte de Etiopía, hizo una declaración histórica al declarar el cristianismo como religión oficial en su reino.

El crecimiento del cristianismo en el norte de África encontró un formidable obstáculo en la aparición del islam en el siglo VII. Solo Etiopía y algunas partes de la región mantuvieron el cristianismo mientras el islam se extendía. Otras partes de África practicaron su religión tradicional hasta que los marineros comerciales de Portugal llevaron el cristianismo a las costas del África subsahariana en el siglo XV.

Quizá haya oído hablar de Enrique el Navegante. Fue un famoso miembro de la realeza portuguesa que patrocinó y se embarcó en exploraciones del mundo fuera de Europa. En el siglo XV llegó a las costas de África Occidental y se establecieron relaciones comerciales. A partir de entonces, la Corona de Portugal financió misiones católicas en África Occidental. Sacerdotes cristianos acompañaban a los marineros a África Occidental, y con el tiempo se abrió una iglesia en Elmina, situada en la Costa de Oro (ahora llamada Ghana).

Mientras tanto, los misioneros jesuitas, otro grupo cristiano, llegaron a Sierra Leona desde Dinamarca. Italia y España tenían misioneros en las zonas de Warri y Benin de Nigeria a finales del siglo XVI.

Sin embargo, las misiones cristianas portuguesas y las de los holandeses del siglo XV al XVI tuvieron poco éxito por diversas razones. En primer lugar, se limitaron a las zonas costeras de África Occidental. Los nativos eran más amistosos debido a los años de comercio preexistentes, pero los habitantes del interior eran diferentes. Aparte de las barreras lingüísticas y de comunicación, los nativos del interior estaban firmemente comprometidos con sus creencias y se resistían violentamente al cambio. En segundo lugar, el interior de África era casi impenetrable. El clima allí era diferente y, a diferencia de los nativos, los europeos no eran compatibles con el duro clima tropical. Las enfermedades tropicales suponían un riesgo mortal para cualquiera que se aventurara más allá de la costa, y el escaso número de misioneros no ayudaba. Por último, los choques de intereses y la rivalidad entre los países europeos, que querían partes de África para sí, resultaron ser un gran obstáculo.

Haría falta la incursión deliberada y coordinada en el interior de África de una horda de misioneros cristianos de múltiples países europeos en el siglo XIX para cambiar el statu quo. Los misioneros cristianos de esta época participaron en el movimiento de abolición de la trata de esclavos. Para entonces, los lazos europeos con África se habían vuelto casi inextricables. Los cristianos de Europa y América se volcaron en África, dedicados a la conversión de almas y a la expansión de la iglesia. Este movimiento de los siglos XVIII y XIX fue liderado por las iglesias protestantes anglicana y metodista, y más tarde por la iglesia católica romana.

La mayor parte del comercio de esclavos se abolió a principios del siglo XIX, y los esclavos liberados que se asentaron en Liberia y Sierra Leona sirvieron de refuerzo para el esfuerzo misionero. África occidental resultó ser el terreno más fértil para el crecimiento del cristianismo. En África Oriental y Central, la Sociedad Misionera de la Iglesia (CMS) se introdujo en 1844 y se extendió a Uganda y Tanganica en 1878. Cuanto más se extendía el cristianismo, más denominaciones acudían a África.

El África poscolonial inició la fase final de inmortalización del cristianismo, «africanizándolo». En esta época, los cristianos africanos empezaron a separarse de las iglesias de modelo europeo para establecer un nuevo orden de iglesias cristianas autóctonas. El origen de este movimiento fue quizás la visión africana de liberarse de la influencia europea, que estaba en consonancia con el espíritu de la era de la independencia.

Las iglesias africanas autóctonas que surgieron fusionaron elementos no contradictorios de la cultura/religión africana autóctona con el cristianismo para crear un orden distintivo. Aparte de las motivaciones aparentemente desafiantes, estas iglesias nativas se hicieron para atraer a las poblaciones rurales de los países africanos. Desde los sermones cristianos pronunciados en las lenguas nativas hasta las cruzadas de curación divina que simulaban los elaborados rituales de curación tradicionales de muchas culturas africanas, estas iglesias nativas fueron muy eficaces en la evangelización. Algunas de las primeras iglesias fueron la Iglesia Nativa Africana Unida, fundada en 1891, la Iglesia Metodista Africana Unida, en 1816, la Iglesia Nacional Bautista de Ghana, en 1925, la Fraternidad Nigritiana, en 1907, y la Iglesia de Sión, en Sudáfrica, en 1915.

En los años siguientes, las iglesias pentecostales africanas se unirían a la escena y constituirían la mayor comunidad cristiana del mundo.

El islam en África

En algún momento del siglo VII, un grupo de extranjeros llegó al reino de Aksum, en la actual Etiopía. Estaban cansados y, al mismo tiempo, algo aliviados por haber huido de la persecución en La Meca para salvar sus vidas.

Fueron los primeros seguidores del profeta Mahoma en realizar la Hijrah (Hégira o «migración»). Fueron recibidos por el rey Najashi, gobernante de Aksum, y se les permitió practicar su religión bajo su protección. Esta migración daría lugar al crecimiento y la difusión del islam en todo el continente africano.

Tras la muerte del profeta Mahoma en el año 632, el islam se convirtió en un poderoso movimiento en la propia Meca. Aunque los primeros musulmanes se enfrentaron al ridículo y a la violencia en la península arábiga, el islam se convirtió en uno de los mayores productos de exportación de la región después de que el principal clan de La Meca se convirtiera al islam.

La conquista de Egipto por parte del general árabe Amr ibn al-As fue otro hito en la expansión del islam. Alejandría fue capturada en nombre del islam, y la religión se extendió hacia Libia y Túnez, haciendo retroceder la ola de cristianismo que se había establecido anteriormente.

El norte de África fue más receptivo al islam que al cristianismo, aunque este último había llegado antes. A medida que los musulmanes se extendían por lo que se conocería como el Magreb, llegaron a Marruecos, Mauritania y Argelia. Los nativos que vivían en estas regiones antes de la llegada del islam se llamaban bereberes. Los bereberes se resistieron inicialmente a que una religión árabe se introdujera en sus tierras, pero pronto se convirtieron.

Antes de que los árabes tomaran el norte de África de los bereberes nativos, gran parte de la región estaba controlada por el Imperio bizantino. El islam chocó con el cristianismo del Imperio bizantino. Muchos reyes del norte de África se convirtieron al islam, al igual que sus reinos. El islam se extendió aún más durante las sucesivas conquistas de los musulmanes. Aparte de la guerra, el islam resultaba más atractivo para los habitantes del Magreb por sus agradables doctrinas. La poligamia, el uso de amuletos protectores y otras prácticas ya formaban parte de la cultura norteafricana, por lo que la religión era bastante adaptable.

La siguiente fase, y quizá la más importante, de la difusión del islam fue el comercio. En el siglo VIII, los norteafricanos convertidos salieron al interior del continente para entablar relaciones comerciales con las comunidades del este y el oeste. Los imperios de Ghana, Malí, Kanem, Songhai y Fulani, cerca del Sahara, fueron los siguientes en aceptar el islam. Los ricos comerciantes del norte hicieron de los musulmanes sus contactos, y una demografía de clérigos musulmanes nativos avanzó hacia el interior con la nueva religión. En el siglo XIV se completó casi por completo el círculo de la islamización en muchas partes de las zonas costeras orientales y occidentales, así como en las zonas comerciales del desierto.

Los historiadores opinan que la difusión del islam fue una forma de alinearse con las tendencias del comercio. Además, la religión codificaba un conjunto de valores éticos para la creación de redes comerciales, todo lo cual unificaba a los creyentes en todas las zonas comerciales. Allí donde el islam no era completamente aceptado, se toleraba por la ventaja del comercio.

En los albores del siglo XV, el islam se había convertido en mucho más que una lengua de comercio. Se convirtió en un unificador de imperios y pueblos porque se entrelazó con la vida cultural de los creyentes. A pesar de la relativa estabilidad de la que gozó el crecimiento del islam, no fue aceptado en todas partes. El cristianismo y otras tradiciones autóctonas supusieron un gran obstáculo para el islam en África Oriental y en muchas partes de África Occidental. Fue necesaria la imposición de los mamelucos de Egipto para que el islam fuera aceptado en las regiones de lo que antes era Aksum y Nubia. A pesar de la presión, el Reino de Abisinia, en la actual Etiopía, permaneció inamovible en la fe cristiana. El dominio colonial de los imperialistas cristianos también obstaculizó la difusión del islam en el África occidental subsahariana, salvo en unas pocas comunidades.

La influencia del islam en la historia de África está representada en la vestimenta, la arquitectura, la alfabetización, la educación y mucho más.

Otras religiones en África

Aunque el cristianismo y el islam no tuvieron oposición en cuanto a su influencia en la historia de África, otras religiones tuvieron un impacto formidable. Para un continente con miles de tribus étnicas, la diversidad religiosa fue un punto clave de la existencia de la antigua África.

A finales del siglo XIX, el Imperio británico se extendió rápidamente por el continente, imponiendo la autoridad colonial sobre los nativos del África subsahariana y algunas partes del norte de África, pero los europeos no eran los únicos colonos extranjeros en la tierra. Hubo una afluencia de indios que trabajaron para los europeos como mano de obra contratada y apenas fueron tratados mejor que los nativos africanos. Los indios poblaron más el este y el sur de África que el oeste, y trajeron consigo el hinduismo.

A diferencia del cristianismo o el islam, el hinduismo no pretendía convertir a otros pueblos a menos que estos decidieran voluntariamente abrazarlo. Esto podría explicar por qué la religión no se extendió ni compitió con el cristianismo y el islam, a pesar de sus similitudes con muchas religiones tradicionales africanas. Otro factor importante fue la resistencia de los cristianos y musulmanes africanos contra los pocos intentos de difundir el hinduismo en el África poscolonial.

A pesar de ser la tercera religión del mundo, el hinduismo en África ha seguido siendo una pequeña llama. La mitad de la población de Mauricio, un país del este de África, está formada por hindúes. Más recientemente, ha habido un pequeño movimiento a favor del hinduismo en Ghana.

Al igual que el hinduismo, los seguidores del budismo y el zoroastrismo son en su mayoría de origen asiático, con muy pocos conversos africanos. La mayoría de estos conversos viven en zonas de Uganda, Zambia, Lesoto, Kenia, Zanzíbar y Ghana.

Al hablar de la religión en África, destaca una observación interesante.

Hasta la llegada del islam y el cristianismo, el continente africano apenas se veía envuelto en enfrentamientos religiosos. Había guerras interétnicas y rivalidades políticas, pero la religión no era un punto de conflicto. Muchas religiones tradicionales africanas eran no proselitistas, es decir, no buscaban convertir a los no adeptos. La religión tradicional y la cultura eran inseparables en las antiguas comunidades africanas, por lo que una religión tradicional africana típica no podía encajar en culturas ajenas a las de sus adeptos. Los mayores imperios del África antigua podían anexionar políticamente reinos más pequeños y transformar las estructuras políticas de sus reinos tributarios todo lo que quisieran, pero la religión no solía interferir.

El cristianismo y el islam, exportaciones extranjeras, cambiarían eso, y comenzarían siglos de una interminable división entre los dos principales grupos religiosos. Esta división generaría intolerancia y avivaría las llamas de la rivalidad, con un grupo desesperado por dominar al otro. Este sería el pretexto para muchas guerras civiles y enfrentamientos étnicos en muchas partes del África poscolonial.

Capítulo 8 - El África actual: La realidad

El «Tercer Mundo» es un término general utilizado para referirse a los países en desarrollo del mundo o, en realidad, a los países «subdesarrollados». Al albergar al 33,3% de las personas más pobres del mundo, África ha sido el continente del «Tercer Mundo» desde que se tiene memoria.

El continente también ha sufrido, desde la esclavitud hasta el dominio colonial, pasando por un aluvión de guerras civiles. A través de todo ello, la realidad de África, tal y como la conocemos, tiene como temas generales la esperanza y la desesperanza en proporciones desiguales.

¿Cuál es el más destacado?

Los desafíos

A pesar del crecimiento de la economía africana en las últimas generaciones, la disparidad entre los pobres y los ricos es un gran abismo. Cuando comenzó el siglo XXI, países africanos como Angola, Nigeria, Etiopía, Guinea Ecuatorial, Ruanda y Mozambique fueron valorados como economías en ciernes; sin embargo, la mayoría de ellos se han visto apartados de la senda del desarrollo económico constante. Nigeria fue declarada la capital mundial de la pobreza en 2018, con casi noventa millones de personas viviendo en la pobreza extrema. La mitad de la población de Guinea y

Mozambique vive por debajo del umbral de la pobreza, mientras que Ruanda aún no se ha recuperado del genocidio de 1994 y las guerras civiles que le siguieron.

La desigualdad económica es lo que ocurre cuando la riqueza de un país no se distribuye uniformemente entre todos sus ciudadanos. La riqueza de África nunca se ha puesto en duda; los europeos explotaron los recursos de África durante cientos de años durante el dominio colonial y no pudieron agotarlos. El reto está en lo que debería ser accesible para todos. La exclusividad de la riqueza en África ha empujado a millones de personas al umbral de la pobreza, y las condiciones han empeorado en los últimos años.

En una evaluación de la Unión Aduanera de África Austral realizada por el Banco Mundial en marzo de 2022, se reveló que Sudáfrica es el país más desigual del mundo. Se trata de una herencia directa del tortuoso régimen del apartheid que asoló Sudáfrica durante cuarenta y seis años. África Central se sitúa en segundo lugar, seguida de África Occidental. La concentración de la riqueza en manos de la minoría ha venido acompañada de altos índices de desigualdad económica, lo que supone un reto para la distribución de la riqueza. Por ejemplo, el 0,0001% de la minoría en Sudáfrica posee al menos el 70% de la riqueza del país.

Estas discrepancias se remontan a la historia de África desde los años cincuenta y sesenta. Las primeras élites africanas poscoloniales imaginaban tomar el relevo de los europeos para explotar a sus conciudadanos. Entre los políticos y los funcionarios públicos, incluidos los que habían sido nacionalistas, se generalizó la malversación de fondos y el enriquecimiento con recursos públicos.

Esto se entrelaza con otra desafortunada tendencia en el África moderna: la continua profanación de los derechos humanos fundamentales.

A lo largo de la historia, los africanos sufrieron enormemente el atropello de sus derechos por parte de los extranjeros que se repartieron y se apoderaron de sus tierras. Posteriormente, se convirtió en un motivo para que los nacionalistas y los luchadores panafricanos por la libertad se unieran para exigir la independencia.

Irónicamente, los acontecimientos que siguieron a la independencia fueron luchas sangrientas intraafricanas por el reconocimiento de derechos. Desde Nigeria hasta Ruanda, pasando por Sudáfrica e incluso Oriente Medio, se sucedieron guerras civiles en las que se atropellaron de forma horrible y flagrante los derechos de los africanos. Estas guerras se debieron a la idea de que un determinado grupo demográfico, ya sea religioso o étnico, era superior a los demás. África sigue lidiando con estas crisis, y los recursos económicos drenados por estas escaramuzas aún no se han repuesto en muchas naciones.

El genocidio de Ruanda: Un caso de estudio

El 6 de abril de 1994, el presidente de Ruanda, Juvénal Habyarimana, y el presidente de Burundi, Cyprien Ntaryamira, que estaba de visita, murieron en un accidente aéreo en Kigali, la capital de Ruanda. El avión había sido derribado, lo que significa que fue un asesinato calculado.

Pocas horas después de la muerte de todos los que iban a bordo del avión, las calles de Ruanda se tiñeron de rojo con la sangre de cientos de miles de personas más, personas que fueron asesinadas impunemente. Fue el comienzo del genocidio ruandés de cien días, del que el país aún no se ha recuperado.

Históricamente, Ruanda albergaba tres tribus principales: los hutus, los tutsis y los twa (que fueron los primeros en ocupar la región que se convirtió en Ruanda). Los hutus eran los más numerosos, pero sus homólogos tutsis se vieron favorecidos durante el gobierno colonial. Los tutsis tenían mejores oportunidades de trabajo y, en general, los belgas los trataban mejor que a cualquier otra tribu porque los tutsis tenían la piel más clara y atributos físicos similares a los de los europeos blancos. Temiendo que los colonizadores transfirieran el liderazgo de la Ruanda independiente a la minoría tutsi, los hutus declararon la guerra en 1959, tres años antes de que Ruanda se independizara de Bélgica.

Más de 300.000 tutsis huyeron para salvar la vida durante la revolución hutu, y los hutus instalaron a uno de ellos, el general Habyarimana, como líder de la Ruanda independiente. Los refugiados tutsis buscaron asilo en Uganda, un país vecino, donde vivieron durante muchas décadas. Sus descendientes formaron un movimiento político llamado Fuerza Patriótica Ruandesa (FPR) e invadieron Ruanda en la década de 1990. El presidente hutu Habyarimana tomó represalias contra los tutsis que vivían en Ruanda ordenando su muerte por ser cómplices del FPR.

Tres años después, los asesinatos y las detenciones cesaron, y el presidente Habyarimana anunció que el próximo gobierno de Ruanda incluiría al FPR de los tutsis. Por desgracia, no vivió para hacerlo realidad. Fue asesinado, y no se capturó ni juzgó a los culpables. Algunas personas señalaron a los culpables hutus, que odiaban que los tutsis llegaran al poder, como los asesinos, mientras que otras pensaron que había sido el FPR.

El mismo día en que el presidente ruandés fue asesinado, los hutus se organizaron en grupos de milicianos y salieron a la calle, montando barricadas y matando a los tutsis en el acto. Los funcionarios del gobierno no se libraron de la masacre. La primera ministra de Ruanda, una mujer hutu moderada llamada Agathe Uwilingiyimana, fue asesinada, junto con otros miembros moderados del gabinete hutu que podrían obstaculizar el genocidio.

Se enviaron tropas belgas de mantenimiento de la paz a Ruanda, pero muchas murieron. En respuesta, el gobierno belga retiró sus tropas, dejando a los tutsis indefensos a su suerte. Los asesinatos se extendieron por todo el país. El vacío de liderazgo fue ocupado por extremistas hutus que utilizaron los medios de comunicación para propagar su programa antitutsi. A los ciudadanos hutus de a pie se les ordenó masacrar a sus vecinos tutsis y violar a las mujeres tutsis o ser asesinados en su lugar. Los asentamientos tutsis fueron asaltados y sus habitantes, sin importar su edad o sexo, fueron asesinados violentamente. Los moderados hutus y twa que se negaron a participar en la locura fueron asesinados. La purga continuó durante tres meses, y para su final, en junio de 1994, el número de muertos se estimaba en 800.000. Algunos creen que más de un millón de personas fueron asesinadas. Sigue siendo uno de los acontecimientos más sangrientos de la historia de África.

Ropa de las víctimas asesinadas en una iglesia católica de Nyamata, Ruanda
*Adam Jones de Kelowna, BC, Canadá, CC BY 2.0
<https://creativecommons.org/licenses/by/2.0>, vía Wikimedia Commons;
https://commons.wikimedia.org/wiki/File:Interior_of_Catholic_Church_Genocide_Memorial_Site_with_Piled_Clothes_of_Victims_-_Nyamata_-_Rwanda.jpg*

Los supervivientes de este genocidio sufrieron el trauma de ver cómo sus compañeros civiles eran disparados o asesinados a hachazos. Algunos de ellos se vieron obligados a participar en infligir muerte y sufrimiento a sus amigos y vecinos. En un estudio de salud mental realizado en 2013, los supervivientes mostraron altas tendencias de deterioro de la salud mental y desafíos psicóticos causados por el genocidio y la vida en los campos de refugiados.

Casi 100.000 niños confundidos fueron separados de sus padres y las familias fueron diezmadas. Según World Vision, una organización de ayuda humanitaria, «estaba claro que los niños necesitaban algo más que ayuda física. El trabajo de curación comenzó justo en 1994, cuando los niños mostraban signos de trauma».

También hubo consecuencias medioambientales de la guerra. Casas, iglesias y edificios públicos fueron arrasados o destruidos, las granjas fueron saqueadas y los sistemas de agua fueron contaminados. El olor pútrido de la sangre debió permanecer en el aire durante algún tiempo, y el siguiente gobierno de Ruanda destinaría una parte de los ingresos de la nación a la reconstrucción.

Veintiocho años después del genocidio ruandés, el país todavía se tambalea. A principios de la década de 2000, el gobierno ruandés se embarcó en un programa de industrialización, y el presidente Paul Kagame anunció sus planes de convertir a Ruanda en el «Singapur de África». Sin embargo, según las métricas, los sucesos de 1994 agotaron los recursos económicos y humanos del país, por lo que los esfuerzos orientados a reactivar Ruanda no han sido un éxito total. Cerca del 39% de la población ruandesa vivía por debajo del umbral de la pobreza en 2015.

La amenaza de los talleres clandestinos: Otro caso de estudio

Taller clandestino. Está en el nombre.

Se lo puede imaginar. Cientos de trabajadores apiñados en un espacio minúsculo, inclinados sobre el equipo y sudando profusamente mientras trabajan durante horas y horas por poco dinero.

El primer taller de explotación se remonta al siglo XIX, en la época en que se abolió el comercio de esclavos en la mayoría de los países y colonias europeas. La introducción de maquinaria permitió a muchas industrias aumentar su capacidad de producción. Una de estas industrias era la textil.

A medida que miles de personas acudían a zonas urbanas como Londres, París y Nueva York en busca de medios de vida, una liga de propietarios de negocios en los distritos de confección desarrolló un sistema de explotación. Los talleres clandestinos se extendieron por los centros urbanos de Europa, reclutando a miles de mujeres y hombres desesperados en las variantes más despiadadas de la mano de obra barata, quizá solo superadas por la esclavitud.

Un grupo de mujeres en un taller clandestino en Nueva York, 1908
https://commons.wikimedia.org/wiki/File:Group_of_women_in_sweatshop_of_Mr._Sentrei,_87_Ridge_Street_04457v.jpg

En la exposición del profesor de inglés Charles Kingsley sobre esta amenaza, cuenta las historias de los trabajadores de los talleres de explotación y las despreciables condiciones de trabajo que soportaban:

«Un explotador con el que trabajé tenía cuatro hijos y seis hombres, y todos ellos, junto con su esposa, su cuñada y él mismo, vivían en dos habitaciones, la mayor de las cuales tenía unos dos metros por diez. Nosotros trabajábamos en la habitación más pequeña y también dormíamos allí los seis. Había dos camas plegables y tres de nosotros dormíamos en una. No había chimenea y, de hecho, no había ventilación alguna. Estuve a punto de perder la vida allí, el aire viciado de tanta gente trabajando todo el día en el lugar, y durmiendo allí por la noche, era bastante sofocante. Casi todos los hombres eran tuberculosos, y yo mismo acudí al dispensario por una enfermedad pulmonar. La habitación en la que dormíamos no tenía más de dos metros cuadrados. Estábamos todos enfermos y débiles, y no queríamos trabajar. Cada uno de los seis pagaba 2s. 6d [dos chelines, 6 peniques] a la semana por nuestro alojamiento, o 15 chelines en total».

No hace falta decir que la mayoría de estos trabajadores eran inmigrantes y entre ellos había africanos. Los explotadores (empleadores) en ocasiones obligaban a las mujeres a tomar medicamentos anticonceptivos y a someterse a pruebas de embarazo para evitar que se quedaran embarazadas. También despedían a las mujeres que se quedaban embarazadas.

Los talleres clandestinos se hicieron más populares a finales del siglo XIX y se extendieron más allá de la industria de la confección. El término «taller clandestino» (o fábrica de explotación) pasó a aplicarse a cualquier entorno laboral en el que los trabajadores estuvieran sometidos a una dura negligencia y a terribles condiciones. En la década de 1910, surgieron en toda Europa varios sindicatos antiexplotación y surgieron críticas contra la explotación laboral. Esto llevó a muchos gobiernos de Europa a redactar y aplicar normativas laborales.

En el siglo XXI, el sistema de talleres clandestinos se transformó en una fea extensión del neocolonialismo y la esclavitud en los países del Tercer Mundo. Marcas populares de todo el mundo establecieron talleres de explotación en África con el pretexto de la industrialización y la creación de oportunidades de trabajo.

En marzo de 2022, la revista *TIME* destapó un escándalo de explotación en el que estaba implicada la famosa empresa de inteligencia artificial Sama. En el reportaje, la oficina de Sama en Nairobi, Kenia, contrató a casi doscientos jóvenes africanos como moderadores de contenidos para Facebook. Sin embargo, la escandalosa realidad es que se los agrupaba en oficinas minúsculas, se les negaba el derecho a sindicarse y se les pagaba apenas 1,50 dólares por hora.

Su trabajo de eliminar contenidos gráficos u ofensivos de las plataformas de redes sociales era, en palabras de un antiguo empleado, «una especie de tortura mental». Algunos empleados dimitieron tras ser diagnosticados con ansiedad, depresión y trastorno de estrés postraumático (TEPT). También se reveló que Sama amordazó las protestas de los trabajadores y despidió a los empleados que intentaron concentrarse para realizar acciones de huelga. Sama negó estas acusaciones, pero las acciones legales contra la corporación por infringir las leyes laborales siguen en pie.

Este es solo uno de los muchos casos de la amenaza de los talleres clandestinos en África. Sin duda, es un motivo de preocupación.

El trabajo infantil, una de las peores ramificaciones del sistema de talleres clandestinos, es frecuente en África. Todo comenzó con la esclavización de niños en África, Europa y América. La trata de esclavos no perdonó a los niños el trabajo duro en las plantaciones, las minas, los hogares y las obras de construcción. Incluso hoy en día, persiste el uso de niños menores de edad para el trabajo doméstico, en su mayoría no remunerado.

Los niños que nacen en la pobreza corren un mayor riesgo de ser regalados, vendidos o víctimas de la trata de personas para el trabajo infantil. Según los datos de la última década, se calcula que 72,1 millones de niños africanos son víctimas del trabajo infantil. Las cifras siguen disparándose en el África subsahariana, donde millones de niños abandonan los estudios o no reciben educación. En algunas partes de Nigeria, Ruanda, Marruecos, Kenia, Madagascar, Ghana y otros países africanos, los niños trabajadores son víctimas de acoso sexual y violaciones.

El trabajo explotador es la perdición de la existencia de África debido a la tasa de pobreza abyecta en el continente. Para personas que están condenadas a morir de hambre si no trabajan para ganarse la vida, ser víctimas de condiciones laborales duras y deshumanizadas por una cantidad insignificante es mejor que nada.

La ayuda humanitaria en África

La ayuda humanitaria en África era inevitable. El continente había visto la entrada de muchos extranjeros desde el siglo VII, y las relaciones se convirtieron en comercio y colonialismo, que caracterizan la historia de África con las potencias extranjeras.

Se ha argumentado que África tiene derecho a toda la ayuda que pueda recibir de la comunidad internacional, especialmente de los países que «arruinaron» las economías de los países africanos y perturbaron las estructuras políticas de la antigua África. Los esfuerzos humanitarios en muchas partes de África han sido constantes desde sus inicios. Los primeros humanitarios de la historia de África serían los misioneros, que llevaron no solo el Evangelio, sino también la educación y la sanidad.

El África poscolonial ha acogido a muchas organizaciones humanitarias gubernamentales y no gubernamentales. En casi todas las historias de guerras civiles, genocidios o conflictos internos de la historia de África, se encontrará que al menos un grupo humanitario estuvo presente para ayudar a aliviar las consecuencias.

Tras el genocidio de Ruanda, organizaciones como la Agencia de los Estados Unidos para el Desarrollo Internacional (USAID) y World Vision enviaron equipos de campo para proporcionar ayuda humanitaria de emergencia. Mientras que World Vision se centró en rehabilitar a los supervivientes mediante ejercicios de curación y en ayudar a reconstruir a las familias desplazadas, USAID apoyó la recuperación política y económica de Ruanda durante los cinco años siguientes, aportando una ayuda estimada en 61 millones de dólares.

Organizaciones como Concern Worldwide, creada por un pequeño grupo de humanitarios en 1968, han prestado una notable ayuda a África. Concern Worldwide fue una iniciativa de un grupo de cristianos irlandeses en respuesta a la extrema necesidad de ayuda en Biafra durante la guerra civil nigeriana. Los hombres, mujeres y niños igbo de Biafra vivían en una situación de hambre extrema después de que el gobierno nigeriano les cortara el acceso a los alimentos. Concern Worldwide llegó a los biafreños con suministros de alimentos y medicinas. Después, ofreció ayuda al este de Pakistán, Haití y otros cincuenta países. Se calcula que treinta millones de personas se han beneficiado de esta organización.

Del mismo modo, Trócaire fue creada en la década de 1970 por la Iglesia católica de Irlanda para combatir las injusticias sociales y políticas recaudando fondos para las víctimas. La organización ofreció ayuda a los civiles hambrientos de Etiopía y Somalia en los años ochenta y noventa, cuando las regiones estaban envueltas en conflictos.

Conclusión

Acaba de leer sobre el lado feo del continente africano, pero eso no significa que el futuro de África sea sombrío.

No cabe duda de que África ha vivido tiempos muy duros, en los que cada generación ha luchado por superar las capas de prejuicios, el odio racial y los enfrentamientos interétnicos dentro y fuera del continente. El continente pasó de ser el hogar de comunidades tribales homogéneas que se enorgullecían de su tradición y cultura, a ser un caldo de cultivo para despiadados esclavistas e imperialistas que trastocaron las estructuras existentes y alteraron el curso de la historia para siempre. A lo largo de todo ello, los pueblos de África han sobrevivido a todos los combates y han resurgido de sus cenizas.

Como poseedor de los recursos naturales y minerales más abundantes del mundo, el continente africano es indispensable para la economía mundial. Como pueblo con una historia de rechazo a la opresión, los africanos son el epítome de la valentía y la loable resistencia. Hoy en día hay más africanos que viven bajo sistemas democráticos que en cualquier otro momento de la historia, lo que ha contribuido enormemente a la paz mundial.

Desde mediados de la década de 2010, muchos países de África han disfrutado de estabilidad política, un elemento crucial de un país en desarrollo. El año 2017 fue señalado como el menos violento en África desde que comenzó la era postindependencia en la década de 1950. Naciones que han estado en guerra desde tiempos inmemoriales están cediendo gradualmente a la paz. En África Oriental, Eritrea y Etiopía pusieron fin a su conflicto fronterizo en 2018 y firmaron un pacto de paz duradero. Como parte del pacto, los dos países acordaron forjar una íntima cooperación. Desde entonces, los dos países han reforzado su alianza y han convivido mejor en paz.

La Unión Africana sustituyó a la Organización de la Unidad Africana en 2002 y desde entonces se ha embarcado en múltiples misiones para conseguir un África unida. La Unión Africana ha sido una fuerza de cambio al mediar en los conflictos de Somalia, Darfur, Libia, Mauritania, Malí y muchos otros países. Esta unión se ha mantenido durante toda su existencia y ha registrado éxitos en muchas campañas.

África también ha demostrado ser prometedora en su manejo de las pandemias mundiales, especialmente el ébola en 2014 y 2015 y la pandemia de COVID que comenzó en 2020. En Nigeria, el país más poblado de África, el virus del ébola se contuvo rápidamente después de que el gobierno ordenara el seguimiento de todos los contactos con el paciente índice. Fue una carrera contrarreloj, pero con la dedicación de médicos intrépidos y de la ciudadanía nigeriana, el virus se contuvo en dos meses.

Por último, no se puede ignorar la larga lista de africanos que están avanzando en la comunidad mundial como líderes de industrias, ejecutivos clave y académicos. Siguiendo los pasos de revolucionarios como el burkinés Thomas Sankara, el congoleño Patrice Lumumba, el nigeriano Funmilayo Ransome-Kuti y el sudafricano Nelson Mandela, muchos africanos han surgido como protagonistas de la política, el arte y el liderazgo mundiales.

Ha sido un camino largo y pedregoso para el continente, pero la nueva generación de africanos, que ha heredado la determinación y la fuerza de los anteriores, sigue adelante con valentía. Según todos los indicios, África puede recuperarse, y lo hará, de los golpes de la historia.

Vea más libros escritos por Captivating History

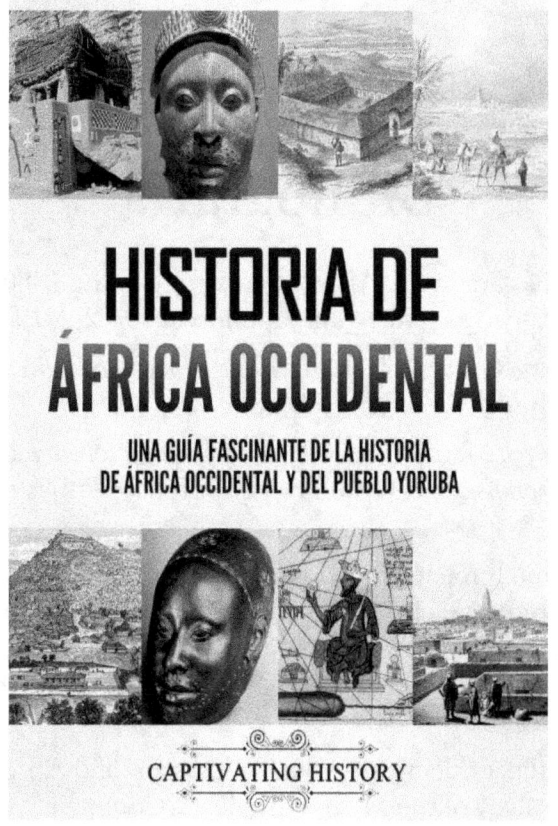

Bibliografía

- Smitha, Frank E. "Africa and Empire in the 1880s and '90s". www.fsmitha.com. Extraído el 19/12/2019.
- Oliver, R. (ed). *The Cambridge History of Africa, Vol. 3.* Cambridge University Press, 2001.
- Borrero, Mauricio (2009). *Russia: A Reference Guide from the Renaissance to the Present.* Infobase Publishing. pp. 69-70.
- "From Crime to Coercion: Policing Dissent in Abeokuta, Nigeria, 1900-1940". The Journal of Imperial and Commonwealth History. 47 (3): 474-489. doi:10.1080/03086534.2019.1576833. ISSN 0308-6534. S2CID 159124664.
- Brantlinger, Patrick (1985). "Victorians and Africans: The Genealogy of the Myth of the Dark Continent". Critical Inquiry. 12 (1): 166-203. doi:10.1086/448326. JSTOR 1343467. S2CID 161311164.
- Hunt, Lynn. *The Making of the West: Volume C.* Bedford: St. Martin, 2009.
- Hobson, John Atkinson (2011). *Imperialism.* Cambridge: Cambridge University Press. p. 77. ISBN 978-0-511-79207-6. OCLC 889962491.

- Langer, William A. Bureau of International Research of Harvard University and Radcliffe College (1935).
- The Diplomacy of Imperialism, 1890-1902. Vol. 1. New York and London: Alfred A Knopf.
- Arendt, Hannah. *The Origins of Totalitarianism*. Schocken, 2004. ISBN 0805242252
- Hobsbawm, Eric. *The Age of Empire*. NY: Pantheon Books, 1987. ISBN 0394563190
- Darwin, John. "Imperialism and the Victorians: The Dynamics of Territorial Expansion". Hobson, J.A.
- *Imperialism, A Study*. Cosimo Classics, 2005. ISBN 978-1596052505
- Lindqvist, Sven. *Exterminate All the Brutes: A Modern Odyssey into the Heart of Darkness*. NY: New Press, 1996. ISBN 9781565840027
- Pakenham, Thomas. *The Scramble for Africa: White Man's Conquest of the Dark Continent from 1876 to 1912*. (1991).
- Aldrich, Robert. *Greater France: A History of French Overseas Expansion*. (1996).
- A. A. Madiebo. *The Nigerian Revolution and the Biafra War*. (Enugu: Fourth Dimension Publishing Co., 1980).
- Millin, S. Gertrude. *Rhodes*. Chatto & Windus, 1936. ASIN B0026WOV5A
- Pakenham, Thomas. *The Scramble for Africa*. New York: Random House/Abacus, 1991. ISBN 0349104492.
- Petringa, Maria. Brazza. *A Life for Africa*. Bloomington, IN: AuthorHouse, 2006. ISBN 978-1425911980.
- Rodney, Walter. *How Europe Underdeveloped Africa*. African Tree Press, 2014 (original 1972). ISBN 978-1592325948
- Shillington, Kevin. *Encyclopedia of African History*. (New York: Fitzroy Dearborn, 2004)
- Kwarteng, Kwasi (2012). *Ghosts of Empire: Britain's Legacies in the Modern World (1st ed.)*. New York: Perseus

- Books Group. ISBN 978-1-61039-120-7.
- J. O. G. Achuzia. *Requiem Biafra*. (Enugu: Fourth Dimension Publishing Co., 1986)
- "Flora Shaw". The Orlando Project. Cambridge University Press.
- Peach, Lucinda Joy. "Human Rights, Religion, and (Sexual) Slavery". The Annual of the Society of Christian Ethics 20 (2000): 65-87. Print.
- Hrbek, I. (ed). *UNESCO General History of Africa, Vol. III, Abridged Edition*. University of California Press, 1992.
- Vink, Markus. "'The World's Oldest Trade'": Dutch Slavery and Slave Trade in the Indian Ocean in the Seventeenth Century". Journal of World History 14.2 (2003): 131-77. Print.
- Gershowitz, Suzanne (20 March 2007). "The Last King of Scotland, Idi Amin, and the United Nations". Archived from the original on 6 June 2009. Extraído el 8/8/ 2009.
- Lucas, Scott. W. *Divided We Stand: Britain, the US and the Suez Crisis*. (Hodder and Stoughton, 1991)
- "Garment Industry: Efforts to Address the Prevalence and Conditions of Sweatshops". Government Accountability Office. Archivado (PDF) del original el 25 de febrero de 2021.
- Hoda Gamal Abdel Nasser. *Britain and the Egyptian Nationalist Movement 1936-1952.* by (Ithaca Press, 1994)
- Kyle, Keith. *Suez*. (Weidenfeld and Nicholson, 1991)
- Subramanian, Archana (6 agosto 2015). "Asian expulsion". The Hindu.
- "Idi Amin: A Byword for Brutality". News24. 21 July 2003.
- Turner, Barry. *Suez 1956*. (Hodder and Stoughton, 2006)
- Curtin, P. *African History*. Pearson, 1995.
- Fage, J.D. (ed). *The Cambridge History of Africa, Vol. 2*. Cambridge University Press, 2001.

- Insoll, T. "The Archaeology of Islam in Sub-Saharan Africa". Journal of World Prehistory, Vol. 10, No. 4 (December 1996), pp. 439-504.
- Ward, Kevin, and Brian Stanley, eds. *The Church Mission Society and World Christianity, 1799-1999* (Eerdmans, 2000).
- Ki-Zerbo, J. (ed). *UNESCO General History of Africa, Vol. IV, Abridged Edition.* University of California Press, 1998.
- McEvedy, C. *The Penguin Atlas of African History.* Penguin Books, 1996.
- Department of the Arts of Africa, Oceania, and the Americas. "The Trans-Saharan Gold Trade (7th-14th Century Century)". In Heilbrunn Timeline of Art History.
- Ogot, B.A. (ed). *UNESCO General History of Africa, Vol. V, Abridged Edition.* University of California Press, 1999.